サラとソロモン

＊少女サラが賢いふくろうソロモンから学んだ幸せの秘訣

エスター＆ジェリー・ヒックス 著
加藤三代子 訳

ナチュラルスピリット

Sara - and the Foreverness of Friends of a Feather
by Esther and Jerry Hicks.

Original U.S. Publication 1995 by Abraham-Hicks Publications, Texas, USA

Japanese translation rights arranged with Abraham-Hicks Publications,
represented by InterLicense, Ltd., Mill Valley, California, USA
through Tuttle-Mori Agency, Inc., Tokyo

サラとソロモン

少女サラが賢いふくろうソロモンから学んだ幸せの秘訣

contents

II部

本文デザイン・装幀／松岡史恵
イラスト／キャロライン・S・ガレット

Ⅰ部　同じ羽毛の仲間たち

＊いつもの朝

目が覚めたサラは、暖かいベッドの中でがっかりしました。外はまだ暗いのに、もう起きなければならない時間なのです。暗い冬の朝はいやだな、明るくなるまでずっとベッドの中にいたいな、と思いました。

何かの夢を見ていたと思ったのに、何の夢だったのかはもうすっかり忘れていました。でも、とても気持ちのいい夢でした。

まだ起きたくなんかない……と思いながらも、さっきの夢ほど気持ちの良くない寒い冬の朝に慣れようとしました。暖かいベッドの中から、もうお母さんが起きて朝の支度をしているかどうか聞き耳を立てました。それから頭が隠れるまで毛布を引っ張り上げてから目を閉じて、さっきまで見ていたとても気持ちのいい夢をひとかけらでも思い出そうとしました。それはとっても素敵な夢だったので、続きを見たかったのです。

ああ、いやんなっちゃう。トイレに行きたくなっちゃった。でも、じっとしていれば、もう少しぐらい我慢できるかもしれない。

サラは体の向きを変えてみて、避けられないことを、せめて遅らせようとしました。やっぱりだめだ。わかった、じゃあ、起きよう。どうせいつもと同じ一日だもん。どうってことない。

音を立てないように気をつけながら、抜き足差し足で廊下を通ってバスルームに入り、静かにドアを閉めました。そして、起きていてもひとりだけでいられるという贅沢な時間を楽しめるように、しばらくここでじっとしていようと決めました。あと五分だけ静かな気持ちでいたい。

「サラなの？　起きてるのね？　こっちにきて、手伝ってちょうだい！」

「そらきた！　それなら、早くここから出たほうがいい」サラは小声でつぶやいてから、「わかった、今すぐ行く！」とお母さんの方に向かって叫びました。

お母さんはいつでも家中のみんなが何をしているのか知っているのはどうしてなのか、サラにはわかりませんでした。きっと、お母さんはどの部屋にも盗聴器をつけてるんだ。サラは苦々しくそう決めつけました。実際にはそんなことがあるはずはないのに、サラの心の中には荒れ狂う怒りがわきあがっていて、止められないような気分でした。

夜寝る前にはもう何も飲まないようにしよう。ああ、それよりも、これからは絶対に何も飲まないことにする。そうすれば、目が覚めた時、ベッドの中でひとりだけでずっと考えていられて、わたしが起きてるってことを誰にも気づかれないですむから。

人がひとりで考えるのを楽しまなくなるのは何歳《いくつ》くらいのことなんだろう。そういうことが起こるってことは確かだと思う。だって、他の人たちは誰もひとりで静かにしていることなんてないもの。みんなはいつも、話をしていたり、テレビを見ていたり、車に乗るとすぐにラジオのスイッチを入れるくらいなんだから、ひとりで考えているはずない。誰もひとりでいたいと思う人はいないみたい。いつも誰か他の人と一緒にいたいと思ってる。いつも、ミーティングだとか、映画だとか、ダンスだとか、野球の試合だとかに行きたがってる。わたしはどうかって言えば、ほんのちょっとの時間でも、ひとりで考えていられるように、周りの音を全部消しちゃいたいくらいなのに。なんとかして一日中他の人たちからの雑音に攻め立てられないでいられたらなあと思う。

そうだ、わたし、クラブを作ろう。「他人の雑音反対クラブ」というのを。ええと、入会資格は、「他人を好きだというのはかまわないけれど、他人と話をしなくてもいい。他人を眺めていることは好きでもかまわないけれど、何も誰にも説明したりしなくていい。時々、自分だけの考えにひたるために、ひとりでいることが好きでなければだめ。他の人たちを助けてあげたいと思ってもいいけど、実際に助けることはあまりしたくないと思わなければだめ。だって、それは抜けられない罠にはまってしまうようなものなんだもん。あんまり人を助けてあげようとすると、もうおしまいだ。みんなが自分の考えでわたしを利用しようとしはじめて、ぜんぜん自分の時間がなくなっちゃう。目立たないようにして、誰にも気づかれないように他の人たちを眺めたいと思わなければだめ」

こんなクラブに入会してくれる子がいるかなあ。ううん、そんな子がいたらクラブの意味がなくなっちゃう！　わたしのクラブは、クラブなんかいらないっていうクラブなんだ！　わたしの生活が十分に大切で、十分に面白くて、十分に楽しければ、他に誰も必要じゃないってことなんだ。

「サラ！」

びくんとして瞬きをしたサラは、

洗面台の前に立っている自分に気がつきました。ぼんやりと鏡を見つめながら、歯ブラシを口の中でなおざりに動かしていたのです。

「一日中、そこにいるつもりなの？　早く出てきなさい。たくさんやることがあるんですからね！」

＊いじわるな先生

「サラ君、きみは何か意見があるかね?」ジョーゲンセン先生に名前を呼ばれて、サラはびくっとしました。

「はい、先生。あの、ええと、何についてですか?」サラはつっかえながら答えました。教室のみんなのくすくす笑いが聞こえます。

どうしてみんなは誰かが恥ずかしい思いをしているのをこんなに喜ぶのでしょう。それでも、みんなはそういう機会を決して逃しません。まるで何か面白いことでも起こったかのように、ざわざわといろいろなことを言って笑うのです。いやな気持ちでいる子のどこが面白いっていうの?　サラにはいつもこのことが疑問でした。でも、今はそんなことを考え込んでなんかいられません。先生に呼ばれてみんなの注目の的となったサラは、消え入りたいほど居心地が悪かったからです。クラスメートたちは大げさにニヤニヤしながら見守っています。

「質問に答えられるかね、サラ君？」

もっと笑いがわき起こりました。いつまでこれが続くんだろう。

「立ちなさい、サラ君。そして君の答えを言いたまえ」

先生はどうしてこんなに意地悪するんだろう。これはそんなに重要なことなの？

教室中から目立ちたい生徒たちが五—六人、さっと手を上げました。サラをもっと窮地《きゅうち》に追い込んで、楽しむつもりなのです。

「わかりません」サラはそうささやいてから、さっと座席にすべり込むようにすわりました。

「何と言ったのかね、サラ君？」先生は大きな声で聞き直しました。

「ええと、先生、わたしは、『質問の答えはわかりません』って言いました」サラも少し声を大きくして答えました。けれども先生はまだサラを釈放してくれません。

「質問が何なのかはわかっているのかね？」

恥ずかしさのあまり、サラは顔が赤くなりました。質問が何なのか見当もつかなかったのです。自分だけの世界で空想にひたっていたからです。

「サラ君、先生から一つ忠告をさせてもらってもいいかね？」

サラは顔を上げませんでした。自分が承諾してもしなくても、先生がしゃべるのをやめはしないとわかっていたからです。

「先生からの忠告は、この教室の中で話し合われている重要な事柄について考えることにもっと時間を使いなさいということだ。窓の外を眺める時間を減らして、くだらない不要な考えで時間を無駄にしないようにしなさい。君の空っぽの頭の中に何かを入れてみるように努力してみたまえ」どっと笑いがわき上がりました。

ああ、この授業はいつになったら終わるんだろう？　するとちょうどその時、ベルが鳴りました。やっと終業のベルです。

サラは自分の赤いブーツが白い雪の中に沈むのを見つめながら、家に向かってゆっくりと歩きました。雪が降ってよかったと思いました。辺りが静かなのをうれしく思いました。家までの三〇分の道を歩き出しながら、心の中の自分だけの場所に引きこもることのできる時間をありがたく思いました。

大通りの橋の下の川はほとんど氷で覆われていました。川の土手をすべり降りて、氷がどのくらい厚くなっているか調べてみようかと思いましたが、今日はやめることにしました。氷の下を水が流れているのが見えます。この一年の間にこの川がどんなにたくさんの人々の顔を映し出しただろうと思って、サラは微笑みました。この川の上の橋を渡って帰るのが、通学路でサラが一番気に入っていることでした。ここではよく面白いことが起こるからです。

学校の校庭を出てからずっと下を向いて歩いてきたサラは、橋を渡ってからはじめて顔をあげました。静かなひとり歩きの時間があと二つ角を曲がると終わってしまうと思うと、突然、痛いような悲しみが押し寄せてきました。だから歩調をゆるめて放課後の平和をゆっくりと味わいなおそうとしました。後ろを振り向いて、橋の方を見ながら後ろ向きで少し歩いてみました。

「あ〜あ、着いちゃった」とサラはため息をつきました。家のガレージの前のじゃり道に入ると、玄関の前の階段で立ち止まって、雪で凍ってできた大きな氷の板をブーツの先で蹴ってはがし、それから雪の吹きだまりの中に蹴り入れました。そして、濡れたブーツを引っ張って脱ぎ、家の中に入りました。

ドアをそっと閉めて、できるだけ音をたてないようにして、濡れて重くなっているコートをフックに掛けました。家族のみんなは、「ただいま〜！」とよく透る大声で叫びながら家に入ってくるのですが、サラは違いました。世捨て人になりたいなあ。リビングルームから台所へ歩いていく途中でそう思いました。静かで幸せな世捨て人。考えたり、しゃべったりしゃべらなかったり、一日のことを全部自分で決められる世捨て人。絶対そうなりたい！

✲ 最悪のことと素敵なこと

ひじがものすごく痛い。学校のロッカーの前の泥で汚れた床の上で大の字になって倒れているサラはそう思いました。

転ぶのは本当に嫌なことです。あっ、と思った時には転んでいたのです。始業のベルが鳴るまでに自分の席に戻ろうとして、まっすぐ急いで歩いていたと思ったら、あっという間に仰向けになっていました。身動きができなくて、ぼーっとしていて、痛くてたまりません。学校で転ぶなんて、世界中で最悪のことです。みんなに見られてしまうからです。見上げると、大はしゃぎの生徒の顔がたくさん見えました。にやにやしていたり、忍び笑いをしたり、大声でゲラゲラ笑っている子たちもいました。

みんな、まるで、自分は一度も転んだことなんかないようなふりをしてる。

骨が折れているとか、血が流れているとか、痛みでもだえ苦しんでいるといった、大騒ぎするようなことが何も起こっていないとわかると、意地悪な生徒たちの群れは散り散りになって、時間割にしたがってそれぞれの教室へ向かって行きました。

突然、青いセーターの腕が差し伸べられて、その手がサラの手を引っ張って床の上にすわらせたかと思うと、女の子の声がこう言いました。「だいじょうぶ？　立ち上がれる？」

立ち上がりたくなんかない、消えてなくなりたい……とサラは思いましたが、それはできそうもないことだったし、生徒たちの群れはすでにほとんど散ってしまっていたので、弱々しく微笑んで、エレンに助けてもらって立ち上がりました。

サラはそれまでエレンと話をしたことは一度もありませんでしたが、廊下で見かけたことはありました。エレンはサラより二年上で、一年くらい前にこの学校に転校してきた生徒でした。

サラはエレンについてあまりよく知りませんでしたが、それは当たり前のことでした。上級生は下級生と話したりすることはないからです。無言の規則がそれを禁止しているかのようでした。でも、エレンはいつも微笑んでいて感じのいい上級生でした。あまりたくさん友達がいないようで、たいていひとりで歩いていたけれども、いつもなぜかとても幸せそうに見えました。だからこそ、サラはエレンのことを知っていたのです。サラも同じ一匹狼タイプで、ひとりでいるのが好きでした。

「濡れると、この床はすべりやすくなるのよね」とエレンは言いました。「ここで転ぶ子たちがもっとたくさんいたって不思議じゃないくらいだわ」

まだ少しぼーっとしていて、恥ずかしさで感覚が鈍《にぶ》っていたサラは、エレンがしゃべっていることをよく聞いていませんでした。それでも、エレンのしゃべり方の何かが、サラをだんだんいい気持ちにさせてくれました。

他の人がきっかけでいい気持ちになった自分に気がつき、サラは少し戸惑いました。他の人から言われた言葉の方が、自分ひとりで静かに考えていることよりも気持ちがよかったなんて、本当に稀《まれ》だったのです。なんだか変な気がしました。

「ありがとう」とサラはつぶやいて、汚れたスカートから泥を払い落とそうとしました。

「少し乾けば、汚れは目立たなくなるわ」とエレンは言いました。

今度も、エレンの言った言葉そのものはどうということもありません。言葉はただの普通の言葉です。でも、エレンのしゃべり方の中に何かがあったのです。

落ち着いていてはっきりしたエレンの声が、サラが感じていたショックと心の痛みを優しく和らげてくれるように感じられました。ものすごく恥ずかしいという気持ちはすっかり消えて、力が戻ってきて、いい気分になっていました。

「ううん、別にかまわないの」サラは答えました。「さあ、急がないと遅刻しちゃう」

席についてからも、ひじはズキズキ痛んでいたし、洋服は泥まみれで、靴のひもはほどけていて、ばらばらの束になった茶色の髪が目の前に垂れ下がってはいたけれど、サラは今までになくいい気持ちでいました。理由は説明できなくても、本当にいい気持ちでした。

その日の帰り道はサラにとっていつもと何か違っていました。足元の雪の中の狭い道だけ見つめて、自分だけの考えの中に引きこもってしまうのではなく、しゃきっとして生きと感じていたのです。歌い出したいような気分だったので、歌を歌いました。この小さな町の中を人々が行き交うのを眺めながら、よく知っている歌をハミングして、楽しい気分で道を歩いていきました。

この町でたった一つしかないレストランの前を通りかかった時、サラは放課後のおやつを買いに入ろうかと考えました。長くて退屈な一日の後は、時々、このお店でお砂糖をかけたドーナツとかアイスクリーム・コーンとか小さな袋入りのフライドポテトなどを買うことがありました。それは、サラの気分を一時的にまぎらわせるにはもってこいだったのです。

今週のお小遣いはまだ全部あるし……とサラは小さなお店の前の歩道に立って考えこみました。でも、買わないことにしました。お母さんがよく言う「晩御飯をちゃんと食べられなくなるから、その前に何か食べてはだめですよ」という言葉を思い出したからです。

サラはこの言葉の意味がよくわかりませんでした。出されたものがおいしいものなら、サラはいつだって食べられたからです。晩御飯がおいしくなかったり、おいしそうな匂いがしない時だけ、食べなくていいような言い訳を考えたり、ちびりちびり食べたりするようになるのです。晩御飯を食べられなくなるのは、おやつのせいじゃないと思うんだけどなあ、と家に向かって歩きながら、ひとりでニヤっとしました。どちらにしても、今日は何も要りませんでした。今日だけは、何もかも本当にとても素敵に思えました。

＊川辺で

サラは大通りの橋の上で立ち止まって、橋の下の氷が、歩いて渡れるくらい厚くなっているかどうかを確かめたいと思いました。鳥が何匹か氷の上にとまっていて、氷の上の雪の中にはかなり大きな犬の足跡がありました。でも、重いコートとブーツと、教科書が何冊も入ったかなりかさばるカバンも持った自分が歩くには、氷はまだ薄すぎるかもしれないと思いました。もう少し待った方がいい。凍った川を見下ろしながらそう考えました。

サラは錆《さ》びた手すりに寄りかかって、凍った川の上に体を乗り出しました。この手すりは自分が楽しむためにここにあるのだ、とサラは信じていました。久しぶりにいい気分だったので、しばらくここにいて、この素晴らしい川を眺めることにしました。教科書の入ったカバンを足元に放り投げて、錆びた金属の手すりに寄りかかりました。ここはサラが一番気に入っている場所でした。

ここに寄りかかって休みながら、この場所があることをうれしく思いました。そして、この古い手すりにジャクソンさんの干し草運搬《うんぱん》用トラックがぶつかって、うまく寄りかかれるように曲がってしまった日のことを思い出して、思わず微笑みました。ジャクソンさんは、ここでピーターソン夫人の犬を引きそうになり、濡れて凍った橋の上で急ブレーキを踏んだのでした。その後何ヶ月も、町中のみんながトラックが川に落ちなかったのは何て運がよかったのだろう、と話し続けたものです。サラがいつも驚くのは、みんなが実際よりも物事を、もっと大事件で、ずっと悪いことのように騒ぐことです。ジャクソンさんのトラックが川に落ちてしまったのなら話は違います。それなら、みんなの大騒ぎももっともなことだったでしょう。それとも、ジャクソンさんが川に落ちておぼれてしまったというのなら噂話をする理由も、もっとたくさんあったことでしょう。でもジャクソンさんは川に落ちませんでした。サラが考える限りでは、何も悪いことが起こりませんでした。犬は怖がって、その後数日は家でおとなしくしていたけれど、怪我一つしていません。みんなただ心配するのが好きなんだ、とサラは思いました。でも、あの時のおかげでこの新しい「寄りかかれる場所」を見つけることができて、サラは大喜びでした。大きくて重い鋼鉄《こうてつ》の棒が数本、川の上にまで突き出すように曲がっていました。本当に完璧でした。まるで、サラを楽しませ、喜ばせるために特別に作られたかのようでした。

川を見下ろしながら、下流に目を向けると、大きな丸太が川に横たわっているのが見えました。それを見て、サラはまた微笑みました。もう一つの素敵な「事件」を思い出したからです。

川岸の大きな木が、大嵐で傷んでしまいました。そこで土地の持ち主が、町中からボランティアを集めて、その木の枝を全部切り落としました。後でその木を切る準備のためでした。サラはどうして、町のみんながそんなに大騒ぎしているのか、よくわかりませんでした。サラにとっては、ただの大きな古い木でしかなかったからです。

お父さんはサラが近くまで行くのをゆるしてくれなかったので、みんなが何をしゃべっているのかよくわからなかったのですが、誰かが「電線が近づきすぎているのが心配だ」と言うのが聞こえました。でもその後、大きな電気のこぎりがまたブーンとうなりはじめて、何も聞こえなくなりました。サラは遠くに立ったまま、町中の人々と一緒にその大作業を眺めていました。

突然、のこぎりの音が静かになったかと思うと、誰かの「きゃあ、怖い！」と叫ぶ声が聞こえました。サラは自分の耳を覆って目をぎゅーっと固く閉じたのを覚えています。そ

の大木が倒れた時には町全体が揺れ動いたように感じられました。でも目を開けた時、サラは喜びの声をあげました。川の両岸の小さな泥道をつなぐ、完璧な丸太の橋ができているのが見えたからです。
川の上に身を乗り出して、居心地よく曲がった金属の手すりでひなたぼっこをしながら、素晴らしい川の匂いを吸い込もうと、サラは深呼吸をしました。まるで夢のようでした。この香り。絶え間なく流れ続ける水の音。下流に横たわる大きな丸太を見つめながら、昔からずっとここを流れてるこの川が大好きだ、とサラは思いました。
サラは丸太を渡る時、両腕を広げてバランスをとり、どれくらい速く走って渡れるか試してみるのが大好きでした。怖いと思ったことは一度もありませんでしたが、ちょっとでもすべったら川の中に転がり落ちてしまうことは忘れていませんでした。この丸太を渡る時には、お母さんがよく言っている「サラ、あの川には近づいちゃだめですよ！　おぼれてしまうから！」という注意の言葉がいつも頭に浮かんだものです。

でもサラはその言葉にあまり注意を払いませんでした。少なくとも、今はもうその必要はありませんでした。お母さんが知らないことをサラは知っていたからです。自分は絶対におぼれたりなんかしないと確信できるような経験をしたことがあったのです。

リラックスして、世界と一体になった気分で、サラは曲がった手すりに寄りかかりながら、二年前にこの丸太の上で起こったことを思い出しました。夕方近くになって、分担になっている家事のお手伝いが全部終わったので、サラは川まで遊びにきました。いつもの通り、曲がった手すりにしばらく寄りかかった後、泥道をたどって丸太のところまで行きました。川は雪解けの水があふれて水かさが増していて、水がぴちゃぴちゃ音を立てて丸太にあたっていました。サラは渡っても大丈夫か考えました。でもその時、ちょっとした気まぐれからやる気がわいてきて、危なっかしい丸太の橋を渡ろうと決めたのです。丸太の真ん中近くまで行ってから、サラは立ち止まり、爪先が下流に向くように横向きになりました。ほんの少しだけ前後にゆれましたが、その後すぐバランスを取り戻し、また勇気を出してもう少し進もうと思いました。ところがその時、どこからともなく、ピッツフィールドさんの家の犬が飛び跳ねながら、丸太の橋を渡ってきたのです。犬がサラを見つけて、うれしそうに飛びついてきたので、あっという間にサラは急流の川の中へ転がり落ちてしまいました。

ああ、どうしよう、とサラは思いました。お母さんが心配していた通りに、わたしはおぼれちゃうんだ！　でも瞬《また》く間に起こったことだったので、それについて考えている暇はありませんでした。ふと気がつくと、仰向けに浮かんで急流を下りながら、それまで見た景色の中で最も美しい景色を見上げ、素晴らしい驚くような川下りの旅をしている自分に気づいたのです。

この川の両岸をサラは何百回となく歩いたことがありましたが、今見ている景色はそれまで見たことのあるものとは、ずいぶん違っていました。驚くほど水は優しくサラを運んでくれます。くっきりと木々にふちどられた青空はずいぶん高く見えました。木々は繁ったり、まばらになったり、濃くなったり薄くなったりしました。こんなにもたくさんの美しい色合いの緑色があるなんて！

水が冷たいとは感じませんでした。なめらかに、静かに、安全に、魔法のじゅうたんに乗って浮かんでいるかのようだったのです。

一瞬、辺りが暗くなりはじめたように見えたかと思うと、急に川岸の深い茂みの中へと流れていき、ほとんど空も見えなくなってしまいました。

「わあ～、ここの木はみんなきれいだなあ！」サラは声に出して言いました。これまでこんなに下流まで歩いてきたことはありませんでした。木々は青々としていて素敵でした。いくつかの枝が、川の中まで垂れ下がっていました。

そして、長くて親切そうなしっかりとした枝が、水の中に垂れ落ちてきて、サラに手を貸してひっぱり上げようとしてくれているように見えました。

「どうもありがとう、枝さん」サラはかわいらしくそう言って、枝を伝って川岸にのぼりました。「助けてくれてありがとう」

サラは川岸に立ち、目がくらくらするものの爽快な気分で、今自分がいる位置を確かめようとしました。

「すごーい！」ピーターソン家の大きな赤い納屋を見つけた時、そうつぶやきました。自分の目を疑うほどでした。ほんの一～二分のように感じていたのに、牧草地や農場を通過して三キロメートル以上も流れてしまっていたのです。家に帰る道は遠くなっても、ちっとも気になりませんでした。生きていることが気持ちよくて、サラは歩いたりスキップをして家に帰りました。

濡れて汚れた洋服は、すぐに脱いで洗濯機にほうり込み、急いで暖かいお風呂に入りました。

心配させたくないからお母さんには知らせない方がいい、とサラは思いました。このことを知ったら、お母さんは安心できなくなるもん。

サラはニコニコしながら、暖かいお湯の中に横たわりました。サラの茶色い髪の毛から葉っぱやゴミや川の虫などがみんな、お湯の中に落ちてきました。お母さんは心配しすぎだと確信しました。

サラは、自分は絶対におぼれたりなんかしないという気がしていたのです。

✻ 巨大な鳥

「サラ、待ってくれよ〜！」全速力で走ってくる弟を、サラは交差点の真ん中で立ち止まって待ちました。

「こなきゃだめだよ、サラ、ほんとに面白いんだから！」

ジェイソンがこれまでにサラに不意打ちを食わせたいくつかの「ほんとに面白いこと」を思い出しながら、サラは、ふん、そうでしょうとも！　と思いました。ジェイソンは自分でこしらえた罠で納屋のねずみをつかまえたこともありました。サラが見た時には死んでいましたが、「さっきまで、ほんとに生きてたのに」と言うのです。サラはジェイソンの口車に乗せられて、かばんの中をのぞいて、罪のない小鳥やねずみの死骸《しがい》を見つけてしまったことが二回ほどありました。その動物たちはみんな、クリスマス・プレゼントでもらった新しいおもちゃの鉄砲を使いたくてワクワクしていたジェイソンと乱暴な仲間たちの獲物となってしまったのです。

男の子って、どうしてこうなの？　走りつかれたジェイソンが、サラが待っているところへ歩いてくるのを待ちながら、考えました。自身を守ることのできないかわいそうな動物たちを傷つけて何が面白いのかしら。あの子たち自身が罠にかかったらどう反応するか見てみたいもんだわ。ジェイソンのいたずらも、昔はこんなにぞっとさせられるようなものばっかりじゃなかったのに。時々、面白いいたずらをした時のことも覚えてる。でも最近のジェイソンは、どんどん意地悪になっていくみたい。

サラは静かな田舎の道路の真ん中に立って、ジェイソンが追いつくのを待ちました。その間、いつかジェイソンが気のきいた悪ふざけをしたのを思い出して、ニヤリとしてしまいました。ジェイソンは机の上に顔をうずめて、その下にテカテカ光るゴム製のへビを隠しました。そして女の先生がジェイソンのそばに立った時に、大きな茶色の目で先生を見上げながら、その気持ち悪いへビを見せたのです。ジョンソン先生は慌てて教室から出て、汚れを始末するよう、用務員さんを呼びにいきました。先生が戻ってきた時、ジェイソンは自分できれいにしたと言い張りました。先生はほっとしたので、それ以上何も聞きませんでした。それからジェイソンは家に帰っていいことになったのです。

もどしたばかりで流れやすそうに見えたへビが、かなり傾斜のある机の上にあんなにこじんまりと小さなかたまりとなるはずはないのに、先生がいぶかりもせずに、ジェイソンの言うことをあっさり信じてしまったので、サラはびっくりしました。でも、よく考えてみると、先生はサラほどにはジェイソンにいたずらされた経験がなかったのです。確かにサラはジェイソンのいたずらに何度もひっかけられたことがあったのですが、それはサラの経験が浅かった昔のことで、これからはもう二度とひっかからないと決心していました。サラはジェイソンのたくらみには勘が働くようになっていたのです。

「サラ！」ジェイソンは、息を切らしながら興奮して叫びました。

サラは後ずさりしました。「ジェイソン、そんなに大声出さなくたっていいでしょ。一メートルも離れてないいんだから」

「ごめん」ジェイソンは一息つこうとして、ゴクリとしました。「見にこなきゃだめだってば！　ソロモンが戻ってきてるんだ！」

「ソロモンって誰？」そう口をすべらせてしまうやいなや、サラはそう尋ねたことを後悔しました。ジェイソンがベラベラしゃべっていることが何であれ、それについていっさい関心を示すまいと思っていたのです。

「ソロモンだよ！　知ってるだろう、ソロモンのこと。サッカーさんの土地の雑木林の道のとこにいる大きな鳥のことさ！」

「サッカーさんの土地の雑木林にいる大きな鳥なんて聞いたことないわ」できる限り退屈

そうな声色《こわいろ》を慌ててつくろって、サラは言いました。「ジェイソン、わたしはねえ、あんたのばかばかしい鳥のことなんか、ぜんぜん興味ないの」

「この鳥はばかじゃないんだってば、サラ。巨大なんだよ！ 絶対見なきゃだめだよ。ビリーのお父さんの車よりも大きいんだって、ビリーが言ってたんだ。サラ、きてくれよぉ、お願いだからぁ」

「ジェイソン、鳥が車より大きいなんてことありえないわ」

「ありえるよ！ ビリーのお父さんに聞いてごらんよ！ この間、家に向かって運転してたら、すごく大きな影が見えたんで、車の上を飛行機が飛んでるんだと思ったんだって。車全体が影で隠れたんだって。でもそれ、飛行機じゃなかったんだ、サラ。ソロモンだったんだよ！」

ソロモンについてのジェイソンの興奮が少し伝わってくるのを、サラも認めざるをえませんでした。

「いつか別の日に行くわ、ジェイソン。家に帰らなくちゃいけないもの」

「ねえ、サラ、お願いだから、きてくれよお！ ソロモンはもう二度とここにこないかもしれないんだから。こなきゃだめだよ、サラ、絶対だってば！」

ジェイソンがあんまりしつこく言うので、サラは心配になってきました。ジェイソンは普通はこんなに熱心にはならないのです。たいてい、サラがきっぱりとした態度を取ると、ただあきらめて、しばらくおとなしくしてから、またサラが警戒していない時に不意をつく機会を待つのでした。ジェイソンは、サラにやりたくないことを無理矢理やらせようとすればするほど、サラはどんどん頑固になるということを経験から学んでいました。でも今日のジェイソンはどこか様子が違いました。ジェイソンはそれまでサラが見たことがないほどに、何かに強く駆り立てられているかのようでした。だから、サラはジェイソンについて行くことにしたのです。もちろん、ジェイソンは驚いたけれども、喜びました。

「いいわ、わかったわ、ジェイソン。その巨大な鳥っていうのはどこにいるの？」

「ソロモンっていう名前なんだ」

「どうやってその鳥の名前がわかったの？」

「ビリーのお父さんがつけたんだ。その鳥はふくろうなんだって。ふくろうっていうのは賢いんだ。だから、その鳥の名前はソロモンにすべきだって」

サラはジェイソンと足並みをそろえるために歩調を速めました。ジェイソンたら、本当にこの鳥のことで興奮してる。なんだか変だな、とサラは思いました。

「この辺のどっかにいるはずなんだ」とジェイソンは言いました。「ここに住んでるんだ」

ジェイソンがよく自信たっぷりのふりをするのを、サラは面白いと思っていました。サラは、ジェイソンが本当は、自分でも何を言っているのかよくわからないことがあるのを知っていたからです。でも、たいていの場合は、気がつかないふりをして、ジェイソンに調子を合わせてやりました。そのほうが楽だったからです。

二人は、今は雪で覆《おお》われているまばらな雑木林の中をのぞき込みました。それから、くさってぼろぼろになった木の柵《さく》に沿って歩きました。ほんの少し前に走り去っていった一匹の犬が雪の中に残した足跡を追い、細い道をたどって行きました。

サラは冬のあいだはこの道をほとんど歩くことはありませんでした。学校と家の間のいつも歩く道から、ずっとはずれていたからです。けれどもここは、サラが夏のあいだ、数えきれないくらいの時間を楽しく過ごす場所でした。よく知りつくしているあの場所、この場所が雪に埋もれているのを見ながら、サラは歩き続けました。よく知っているこの道に今また戻ってこられて、いい気分でした。この道は、ほとんどわたしだけの道だなんて素敵だな。車は通らないし、近所の人たちもいないし。ここは静かな道なんだ。これからもっとここを歩くことにしよう。

「ソロモーン!」ジェイソンの声が響き渡り、サラはドキッとしました。ジェイソンがそんな叫び声をあげると思っていなかったのです。

「ジェイソン、ソロモンに向かって叫んだりしちゃだめよ。そんな大きな声で呼んだら、本当にここにいるとしても、すぐ逃げちゃうよ」

「ここにいるんだってば、サラ。そう言っただろ。ソロモンはここに住んでるんだ。それに、逃げちゃったんだとしたら、僕たちに見えたはずだよ。ソロモンはすごくでっかいんだから、サラ、ほんとだよ！」

サラとジェイソンはどんどん雑木林の奥深くまで入って行き、ぐらぐらした古い柵の錆びた針がねの下をくぐりぬけました。ひざまで深く積もっている雪の中に何が埋《う》もれているかわからないので、注意深く道をさぐりながら、二人はゆっくりと歩きました。

「ジェイソン、だんだん寒くなってきた」

「もうちょっとだってば、サラ。お願いだから」

ジェイソンが頼んだからではなく、むしろ自分の好奇心から、「いいわ、ジェイソン、あと五分だけよ」と言ったとたん、サラは悲鳴をあげました。雪で見えなくなっていた用水の溝に落ちて、腰の高さまで雪に埋もれてしまったのです。冷たい濡れた雪が、コートとブラウスの中にまで入ってきて、肌に触れてきました。「もうこれまでよ、ジェイソン、もう我慢できない！　帰る！」

ジェイソンはソロモンが見つからなくてがっかりしていましたが、サラが怒るのを見て面白がっていました。サラがイライラすることほど、ジェイソンを喜ばせるものは他にあまりなかったからです。サラが冷たい濡れた雪を洋服の下から振るい落としていると、ジェイソンは思いっきり笑いました。

「これがおかしいっていうのね、ジェイソン。どうせ、わたしをびしょ濡れにして怒らせようとして、ソロモンの話だって全部でっちあげたんでしょう！」

ジェイソンはサラの前方を走りながら大笑いしました。ジェイソンはサラがイライラするのを喜びながらも、身を守るためにサラから離れて距離をおくことも心得ていました。

「そうじゃないよ、サラ、ソロモンは本当にいるんだ。そのうちわかるよ」

「ふん、そうでしょうとも！」サラはジェイソンに向かって皮肉っぽく言いました。

けれども、なぜかサラには、ジェイソンの言うことが本当だという気がしたのです。

＊不思議な声

サラはこれまで、教室で簡単に授業に集中できたことなど一度もありませんでした。学校は地球上で一番退屈なところだと、サラはずっと昔に決めていました。でも今日は、これまでになくつらい一日でした。先生の言っていることをずっと聞いていることができませんでした。サラの想いは何度も雑木林に戻っていきました。だから終業のベルが鳴るやいなや、カバンをロッカーに押し込んで、雑木林に直行したのです。

「ちょっと気違いじみてるかもね」とひとりごとを言いながら、サラはどんどん雑木林に入っていきました。サラが歩くと、深い雪の中に道ができました。「わたしは、いるのかいないのかもわからないばかばかしい鳥を探してるんだもの。とにかく、見つからなかったらすぐに帰ろう。わたしがここにいることはジェイソンには知られたくない。そもそもこんな鳥にわたしが興味を持ってることだって、知られたくない」

サラは立ち止まって聞き耳を立てました。あんまり静かだったので、自分の呼吸が聞こえるほどでした。生き物は一匹も見えません。鳥一羽も、リス一匹も。何もいません。実際、きのうサラとジェイソンと犬が残していった道がなければ、本当にこの地球上で生きているのは自分だけだと思えるほどでした。

本当に美しい冬の日でした。太陽がさんさんと輝く午後でした。ゆっくりと溶けはじめた雪は濡れて光っていました。すべてのものがキラキラと輝いていました。普通なら、こんな日には心がうきうきします。こんな美しい日の放課後に、たったひとりで、自分の考えに浸《ひた》っていられるなんて、これ以上に素敵なことがあるでしょうか。でも、今日のサラはイライラしていました。ソロモンが簡単に見つかると思っていたからです。どういうわけか、この雑木林で神秘の鳥が見つかるかもしれないと思ってみることが、サラの好奇心をそそったのですが、今、ひとりぼっちでひざまで雪に埋もれて佇《たたず》みながら、サラはなんだか自分がバカみたいに思えてきました。

「ソロモンという鳥はどこにいるんだろう。ううん、もういい！　家に帰ろう！」

サラはがっかりして雑木林の真ん中に立ちました。腹がたって、どうしていいかわからない気分で、混乱してきました。雑木林から出るために、今きた道を後戻りしはじめました。けれど、立ち止まって、夏の間に近道としてよく通る草原を突っ切って行くほうが速いかもしれない、と考えました。川は今なら絶対凍っていると思う。たぶん、この近くの幅の狭いところなら渡れるかもしれない。サラは一本の針金の柵の下をくぐりぬけながら考えました。

冬だと、この場所で自分が方向音痴になってしまうことにびっくりしました。この草原はこれまでも何百回となく通ったことがあります。ここはサラの叔父さんが夏の間、馬を放し飼いにしておく牧草地でした。でも、よく知っている目印がみんな雪の下に埋もれてしまっている今、何もかもまるで違って見えました。川は完全に凍っていて、一〇センチ以上の雪が積もっていました。サラは川幅が狭いところを思い出そうとしながら、立ち止まりました。するとその時、サラの足の下で氷にひびが入りかけたのを感じました。そして、すってんころりんと、今にも割れそうな氷の上に仰向けに倒れてしまったのです。すぐに冷たい水が洋服まで染み込んできました。いつかこの川で流された時の記憶がとっさによみがえりました。そして今度は一瞬の間、本当に怖い、と思いました。前と同じように流されていくことを想像し、でも今度は氷のように冷たい水の中を流されて、凍《こご》え死んでしまうのだと思ったからです。

すると突然、優しい声がサラの頭の上のどこからか聞こえてきました。**君がおぼれることなんかありえないということを、忘れたのかい?**

「誰?」サラは、辺りを見回しながら聞きました。葉の落ちた木々を見上げると、周りの雪に反射してキラキラと輝いている太陽の光が眩《まぶ》しくて、目を細めました。誰でもいいけど、わたしをここから助けてくれればいいのに……。ひびが入った氷の上に倒れたまま、サラはそう思いました。ほんの少し動いただけでも、自分の下の氷が割れてしまいそうで、びくびくしていました。

氷は割れないよ。寝返りをうって、よつんばいになってから、ここまで這《は》っておいで。

その不思議な声が親切に言いました。

そこでサラは寝返りをうってうつぶせになってから、顔を上げずにゆっくりと体を持ち上げてひざをつきました。そして慎重に声のする方向に這って行きました。

サラは話なんかしたくありませんでした。今はそんな場合ではありません。びしょ濡れだったし、とても寒かったし、こんなバカみたいなことをしてしまった自分に本当に腹がたっていました。サラは、ただ早く家に帰って、何をしたかばれてしまう前に濡れた服を着替えようと思っていました。

「もう行かなくちゃ」サラは太陽の光が眩しくて目を細めながら、声のする方に向かって言いました。

サラの体はとても冷え切っていて、こんな川を渡ろうとしたことの後悔でむかむかしながら、よく知っている道をゆっくり歩きはじめました。その時突然気がついたことがあり

ました。「ねえ、ちょっと、わたしがおぼれることなんかありえないってこと、どうして知ってたの？」何の答えも返ってきませんでした。

「どこに行ったの？　ねえ、どこにいるの？」サラは呼びかけました。

するとその時、これまで見たことがないほど大きな鳥が木の上から飛び立ち、空高く舞い上がり、雑木林と草原の上をぐるぐる回って、太陽の中に消えていきました。

サラは太陽の光に向かって目を細めながら、びっくりして立っていました。

ソロモンだ……。

✲ 自分だけの秘密

翌朝、目が覚めたサラは、いつものように毛布の下にもう一度もぐりこんで、また今日も起きなければならないのはいやだと思っていました。でもその時、ソロモンのことを思い出したのです。

わたし、本当にソロモンに会ったのかなあ？　それとも、夢だったのかなあ？　サラは考えました。

けれどもその後だんだん目が覚めてくるにつれて、きのうの放課後ソロモンを見つけるために雑木林に行ったこと、足元の氷が割れてしまったことを思い出しました。違う。ソロモンは夢じゃなかった。ジェイソンの言った通りだ。ソロモンはいたんだ。

サラは、ソロモンを見つけるために叫びながら雑木林の中を歩くジェイソンとビリーのことを思い浮かべて、思わず顔をしかめました。そして、いたずらっ子のジェイソンのことを思うたびにいつも感じる、どうしていいかわからない、あの重苦しい気持ちがまた押し寄せてくるのを感じました。

ソロモンに会ったことは、ジェイソンにも誰にも言いたくない。わたしだけの秘密にしておこう。

その日一日中、サラは先生の話に注意を向けるのが一苦労でした。光がキラキラと輝く雑木林と、あの巨大で不思議なふくろうのことを、何度も何度も思い出したからです。ソロモンは本当にわたしに話しかけたのかなあ？　サラは考え込みました。それとも、わたしが、ただそう想像しただけなのかなあ？　もしかしたら、転んだことで、少し頭がぼーっとしていたのかもしれない。もしかしたら、気を失って夢を見たのかもしれない。それとも、あれは本当に起こったことなのかなあ？

ソロモンが本当にいるのかどうかを確かめるために、サラはもう一度雑木林に行くのが待ち遠しくてたまりませんでした。

授業の終わりのベルが鳴ると、ロッカーに教科書を投げ込んでから、その上にカバンを重ねて押し込みました。サラが教科書を全部家に持って帰らなかったのは、これまでの小学校生活の中でこれが二度目でした。腕一杯に教科書を抱え込んでいると、おせっかいなクラスメートたちから身を守ってくれることに、サラは前から気づいていたのです。教科書をたくさん抱えていると、目に見えない壁ができて、意地悪をする子たちも入ってこられないように思えました。でも今日は、何も持たないで、早く歩きたかったのです。ソロモンのいた雑木林を目指して、サラは学校の正面玄関を鉄砲玉のように飛び出して行きました。

舗装された道路を過ぎて、雑木林を進んで行くと、空地の真ん中の柵の柱にとまっているとても大きなふくろうの姿が、はっきりとサラの目に飛び込んできました。まるで、このふくろうはそこでサラを待っていたかのようです。サラはソロモンがこんなに簡単に見つかって、驚きました。きのうまでは、なかなか見つからない謎の鳥を探して苦労したのに、今、その鳥はまるでずっとそこにいたみたいに、柱にとまっていたのです。

いったいどうやってソロモンに話しかけようか、とサラは迷いました。どうしよう？　大きなふくろうに近寄っていって、『こんにちは、元気？』なんて言うのは変だし……。

そう考えていると、その大きなふくろうの方からサラに声をかけてきました。**こんにちは。元気？**

サラはびくんとして、三〇センチくらい飛び上がってしまいました。ソロモンはワハハと笑いました。**びっくりしなくてもいいんだよ、サラ。今日は調子はどう？**

「まあまあよ。ただ、ふくろうと話をするのは慣れていないだけ」

ふうん、それは残念だな、とふくろうは言いました。**僕の親友にはふくろうが多いんだ。**

サラは笑いました。「ソロモン、あなたって面白いのね」

ソロモンか、なるほど。ソロモンというのはいい名前だね。うん、僕は気に入ったよ。

サラは恥ずかしくて顔が赤くなりました。まだお互いに自己紹介をしたわけではなかったことを、忘れていたからです。ジェイソンがふくろうの名前はソロモンだと教えてくれたとはいっても、それはビリーのお父さんがつけた名前でした。「ああ、ごめんなさい。あなたの名前はあなたに聞くべきだったのに」とサラは言いました。

ふうん、実は僕は名前については考えたことがなかったんだ。ふくろうは言いました。**ソロモンていうのは素敵な名前だ。僕は本当に気に入ったよ。**

「考えたことがなかったって、どういう意味？　あなたには名前がないの？」

そう、特に名前というものはない、とふくろうは答えました。

サラは耳を疑いました。「どうして名前がないなんてことがあるの？」

あのね、サラ、物事を区別するのに名前が必要なのは人間だけなんだ。人間以外はみん

な、自分が誰なのか、自然にわかってるんだ。僕たちにとって、名前は重要ではないんだ。でも、ソロモンという名前はとても気に入ったよ。君は名前で呼ぶことに慣れているから、僕はソロモンという名前を使うことにしよう。うん、この名前が気に入った。ソロモンで行こう。

ソロモンは、この新しい名前をとても喜んでいるように見えたので、サラの恥ずかしさは消えてなくなりました。名前があってもなくても、この鳥は一緒におしゃべりをして楽しい相手でした。

「ソロモン、あなたのことを誰かに話した方がいいと思う?」

たぶん、そのうちにね。

「でも、今は、あなたのことは秘密にしておいたほうがいいでしょう?」

しばらくは、そうしたほうがいいだろう。どうやって説明したらいいか、君が考えつくまではね。

「ああ、そうね。誰かに話したら、変に思われるかも。『わたしには、唇を動かさないでおしゃべりするふくろうの友達がいるのよ』な〜んて」

僕の賢いアドバイスを付け加えよう、サラ。ふくろうには唇はないんだよ。

サラは笑いました。この鳥はとても面白い鳥でした。「ソロモン、わたしの言っている意味はわかるでしょう。口を動かさないで、どうやってしゃべるのかってことよ。それから、この辺りであなたとおしゃべりしたことがあるっていう人に、他に誰も会ったことがないのはどうしてなの？」

誰も、僕が話すのを聞いたことはないんだ。君が聞いているのも、僕の声ではないんだよ、サラ。君は僕の想念を受けとっているんだ。

「よくわからない。わたしにはあなたの声が聞こえるのに！」

そうだな、君には僕の声を聞いているように思えるだろうけど、そして確かにそうなのだけど、君の耳で聞いているのではないんだ。君が他の音を聞く時と同じように、聞いているわけではないんだ。

冷たい風が吹いてきたので、サラは首に巻きつけていたマフラーを引っ張り上げ、毛糸の帽子を耳が隠れるまで引きおろしました。

もうすぐ暗くなるよ、サラ。また明日会おう。僕たちが今日話したことを考えてみてごらん。今晩夢を見ている時に、君は夢の中でも目が見えるということに気づくだろう。君の目はしっかりと閉じられていても、夢の中で君は目が見えるんだ。だから、見るのに目は必要じゃないし、聞くのにも耳は必要じゃないんだ。

夢は本当のこととは違う、とサラが言おうとすると、ソロモンは、さよなら、サラ。今日はいい日だったね、と言って空中に飛び上がってしまいました。力強く翼を羽ばたかせながらソロモンは、雑木林と、自分のとまっていた柵の柱と、小さな女の子の友達を、はるか下に見下ろすほど高いところまで飛んでいきました。

ソロモン、あなたって大きいのね！　とサラは思いました。

「その鳥は巨大なんだよ、サラ。絶対見にこなきゃだめだよ！」というジェイソンの言葉を思い出しました。雪の中を家に向かって歩きながら、数日前にジェイソンがほとんど引っ張るような勢いで、サラをこの雑木林に連れてきた時のことを思い出しました。あの時、本気で興奮して走って行くジェイソンに、サラは追いつくのが大変でした。変だな、とサラは考えました。あの時ジェイソンは、あの大きな鳥をわたしに見せようとあんなにも夢中だったのに、この三日間は何も言わなかった。ジェイソンとビリーがソロモンを探しに毎日ここへきていないことだって、不思議なくらい。ジェイソンたら、まるでこのことをすっかり忘れてしまったみたい。これについて、明日、忘れずにソロモンに聞いてみよう。

その後の何日かの間、サラは時々「これについて、ソロモンに聞いてみよう」と思うことがありました。そして、ソロモンと話したいことをメモする、小さなメモ帳をポケットに入れておくようになりました。

ソロモンと話したいことを全部話すには、いつも時間が足りないように思えました。学校が終わってから、サラが家に帰っていなければいけない時間は、たった三〇分ほどでした。お母さんが仕事から帰る前に、自分の分担になっている家事のお手伝いを終わらせなければならなかったからです。

なんて不公平なんだろう、とサラは考えました。わたしは一日中、ソロモンの十分の一も賢くない退屈な先生たちと一緒に過ごすのに、わたしが会ったなかで一番賢い先生とはたった三〇分しか一緒に過ごせないなんて。……ふう〜ん、先生……か。わたしには、ふくろうの先生がいるんだ。そう考えると、サラは声を出して笑ってしまいました。

「このことについて、ソロモンに聞いてみよう」

新しい先生

「ソロモン、あなたは先生なの？」

その通りだ、サラ。

「でも、ソロモンは、本当の先生たちが話すようなことについては、ぜんぜん話さないね。あっ、ごめん、本当の先生じゃなくって、他の先生たちっていう意味よ。だって、ソロモンは、わたしが興味を持っていることについて話してくれるんだもん。面白いことを話してくれる」

実はね、サラ、僕はただ、君が話すことについて話しているだけなんだ。君が何か質問をした時にだけ、僕の答えは君にとって価値のあるものとなるんだ。誰も質問していない時に与えられる答えは、誰にとっても本当に時間の無駄なのさ。そんなことしても、生徒にも先生にもちっとも面白くない。

サラはソロモンの言ったことについて考えてみました。そう言われてみれば、サラが質問をしない限り、ソロモンはほとんど何も話さないということに気がつきました。

「でも、ちょっと待って、ソロモン。わたしが質問しなかった時にソロモンが言ってくれた言葉があったこと、思い出した」

それはどんな言葉だった？

「ソロモンは、『君がおぼれることなんかありえないってこと、忘れたのかい？』って言ったわ。ソロモンがわたしに言った最初の言葉がそれよ。わたしはソロモンに向かって一言もしゃべらなかったのに。わたしは氷の上に倒れていて、ソロモンに質問なんかしてなかったのよ」

なるほど、唇を動かさずに話ができるのは、ソロモンだけじゃないようだね。

「それ、どういう意味？」

君は質問していたんだよ、サラ。でも言葉を使わなかっただけさ。いつも言葉を使って質問するとは限らないんだ。

「そんなの変よ、ソロモン。しゃべらないで、どうやって質問できるの？」

君が質問したいことを考えるだけでいいんだ。たくさんの人々や生物が、想念によって気持ちを伝えている。その方がずっと多いんだ。言葉を使うのは人間だけだ。でも人間でさえ、言葉を使わずに気持ちを伝えることの方が多いんだよ。考えてごらんよ。

あのね、サラ、僕は、『生徒が質問していないことについて答えを与えることは時間の無駄だ』っていうことをと~っくの昔に学んだ、かしこ~い先生なんだよ。

ソロモンが「と~っくの昔」と「かしこ~い」という言葉を、ふくろうの鳴き声に似せてわざと大げさに言ったのを聞いて、サラは笑い出しました。わたし、このふざけた鳥が大好き！　とサラは思いました。

僕もサラが大好きだよ、とソロモンが答えました。

サラは自分の思っていることをソロモンが聞きとることができるということを、もう忘れていたことが恥ずかしくて、顔が赤くなりました。

そして、ソロモンはもうそれ以上は何も言わずに、力強くはばたいて空に飛び立ち、見えなくなってしまいました。

✻ 空を飛ぶレッスン

「わたしも、ソロモンみたいに空を飛べたらいいなあ」

なぜ？　なぜ空を飛びたいの？

「ああ、ソロモン、いつも地面の上を歩かなきゃいけないなんて、面白くないよぉ。すごくゆっくりだし。いろいろな所に行くのにも、すごく時間がかかる。それに、見えるものも限られてる。地面の上にあるものだけしか見えなくて、つまらない」

あのねえ、サラ、君は僕の質問にちゃんと答えていないみたいだね。

「あら、答えたわよ、ソロモン。わたしが言ったのは、空を飛びたい理由は……」

面白くない地面の上を歩き回るのが好きじゃないから、だろう？　あのね、サラ、君は『なぜ君が空を飛びたいのか』を話したのではないんだ。君が僕に話してくれたのは、『空を飛べないことを君がいやだと思う理由は何なのか』ということだ。

「どこが違うの？」

ああ、サラ、大きな違いだ。もう一度答え直してごらん。

ソロモンがいつになく細かいことにこだわっていることに少し驚きながら、サラはもう一度答えました。「ええと。わたしが空を飛びたい理由は、歩くことはあんまり楽しくないから。そして、地面の上で歩き回るのはすごく時間がかかるから」

サラ、君はまだ、君が望んでいないことと、なぜそれを望んでいないのかという理由について話しているということが、わからないかい？　もう一度やってごらん。

「ええと、わたしが空を飛びたい理由は……ソロモン、わたし、わからない。ソロモンはわたしに何て言ってほしいの？」

君が望んでいることについて話してほしいんだよ、サラ。

「わたしは空を飛びたいの！」ソロモンがわかってくれないことにイライラして、サラはどなってしまいました。

そうだ、サラ、その調子で、なぜ君が空を飛びたいのかを話してごらん。それはどんな感じがする？　どういうふうに感じる？　それがどんな感じか僕にも感じられるように話してみてごらん。空を飛ぶことはどんな感じがする？　地面の上にいることがどんな感じかとか、空を飛べないことがどういうことかについて話すのではなくて、空を飛ぶことがどんな感じがするかを、僕に話してほしいんだ。

ソロモンが言おうとしていることがやっと飲み込めて、サラは目を閉じて、話しはじめました。「空を飛ぶことは、とても自由な感じがする。浮かんでいるような感じだけど、もっと速い」

空を飛んでいたら、何が見えるか話してごらん。

「町全体が下の方に見える。大通りと、車が走っているのと、人が歩いているのが見える。川も見えるし、わたしの学校も見える」

サラ、空を飛ぶことは、どんな感じがする？ 空を飛ぶことがどんな感じがするかを、言ってごらん。

サラは目を閉じたまま、しばらく黙って、町のはるか上空を飛んでいるつもりになってみました。「すごく楽しい！ 空を飛ぶのは、すごく楽しいと思う。風のように速く飛べるし、すごく自由な感じがする。すごくいい気分！」今では、自分で思い描いていることにすっかり夢中になって、どんどん話し続けました。すると、その時、突然、体の中にヒュ～っという感じがして、息をのみました。ソロモンが毎日柱から飛び上がる時の力強い動きの感じに似ていました。それから、一瞬、体がひどく重たくなったような気がしたかと思うと、すっと軽くなって、気がつくと、サラは空を飛んでいたのです。

「ソロモン」と、サラはうれしくてたまらなくて叫んでしまいました。「見て！ わたし、空を飛んでる！」

ソロモンはサラのそばを飛んでいました。そして一緒に、町の上を空高く舞い上がりました。サラが生まれた町。サラが隅々まで歩き回ったことがある町。この町を、今、これまで夢にも思わなかった高い空から見下ろしているのです。

「わぁ〜！　ソロモン、すご〜い！　ソロモン、わたし、飛ぶのが大好き！」

ソロモンは、サラが夢中になっているのを見て喜び、微笑みました。

「これからどこへ行くの、ソロモン？」

君が行きたいと思うところなら、どこへでも。

「すごい！」サラは、この静かな小さな町を見下ろして思わず叫びました。この町がこんなにきれいに見えたことはこれまでありませんでした。

いつかサラの叔父さんがサラの家族を小さな自家用飛行機に乗せてくれた時、サラはこの町を空から眺めたことがありました。でも、その時はあまりよく見えませんでした。飛行機の窓の位置が高かったので、サラが座席にひざをつき、顔を窓に近づけて、外を見ようとすると、その度にお父さんから、ちゃんと座ってシートベルトを締めなさいと言われたからです。その時はあまり楽しくありませんでした。

でも今はとても違っていました。何でも見ることができたのです。町中の道路や建物の

OLD MILL

一つひとつが見えました。大通りに沿って広がっている小さなお店が見えました。ホイト食料品店、ピートさんの薬局、郵便局。……そして、町の中を曲がりくねって流れる美しい川も見えました。車が動いていて、あちこちで人々が立ち話をしていました。
「ソロモン」と、サラは息を切らして言いました。「これは絶対、今までで最高のことだと思う。わたしの学校に行こうよ、ソロモン。わたしが毎日行く場所を見せてあげ……」学校へ向かって急ぐサラの声は終わりの方がかき消されてしまいました。
「こうして上から見ると、学校がぜんぜん違って見える！」学校は驚くほど大きく見えました。屋根がずうっと終わりなく続いていくように見えました。「すご〜い！」

サラは叫びました。「もっと近くまで行ってみてもいい？　それともこのくらい離れていなくちゃだめなの？」

君が行きたければ、どこへ行ってもいいんだよ、サラ。

サラはまたうれしそうに叫んで、校庭の上まですっと降りて、自分の教室の窓のそばをゆっくりと飛んでみました。「わあ！　見て、ソロモン！　あれがわたしの机で、あそこにいる人がジョーゲンセン先生よ」

サラとソロモンは、町の端から端まで飛び、地面に触れるくらいまで低く舞い降りたり、今度は空高く舞い上がって、雲に触れそうになったりしました。「ほら、見て、ソロモン。ジェイソンとビリーがいるわ」

「ねえ、ジェイソン、わたしを見てよ。空を飛んでるのよ！」サラは叫びました。けれども、ジェイソンには聞こえませんでした。「ねえ、ジェイソン～！」サラはもっと大きな声でもう一度叫びました。「見て！　わたし、空を飛んでるのよ！」

ジェイソンには君の声が聞こえないんだよ、サラ。

「でも、どうして？　わたしにはジェイソンの声が聞こえるのに」

ジェイソンにはまだ早すぎるんだ、サラ。彼はまだ質問をしてはいない。でも彼も質問をはじめる時がくる。そのうちにね。

今やっと、サラにははっきりとわかりました。なぜ、ジェイソンとビリーがソロモンを見つけられなかったのか、ということが。「あの二人にはソロモンが見えないのね。そうでしょう、ソロモン?」

サラは、ジェイソンとビリーにはソロモンが見えないと思うとうれしくなりました。もしあの二人にソロモンが見えたら、本当に邪魔になるところだった、と思いました。

サラはこれほどにすばらしい時を過ごしたことはありませんでした。ずっと空高く舞い上がっていき、大通りを走る車の列が小さな蟻《あり》の群れのように見えるほど、高く飛びました。そして次には、ずっと下の地面のすぐ近くまで簡単に降りていきました。信じられないくらいのスピードで飛んでいるのを感じて、うれしくて叫び声をあげました。川のすぐそばまで降りて、顔を水に近づけ、甘い苔《こけ》の匂いを嗅ぎ、橋の下をくぐりぬけ、そして橋の反対側からビューンと飛び出しました。ソロモンはサラにぴったり合わせて飛んでくれていました。まるで一緒にこの飛行を何百回も練習したかのようでした。

サラはソロモンと何時間もの間、飛び続けたような気がしました。すると、舞い上がった時と同じ、あの力強いヒューっという感じがしたかと思うと、サラはまた地面の上の自分の体の中に戻っていました。

サラはワクワクしていて、ほとんど息もつけないほどでした。こんな珍しい経験をしたのは、はじめてです。「ソロモン、素敵だった！」サラは大声で言いました。何時間もずっと空を飛んでいたように感じたので、「今、何時かな？」と言って腕時計を見ました。今日はこんなに家に帰るのが遅くなってすごく叱られるだろうと思っていたのですが、腕時計ではほんの数秒しか経っていませんでした。

「ソロモン、あなたは、とても変わった生活をしているのね。何一つとして、普通じゃないわ」

どういう意味？

「たとえば、町中を飛んで回っても、ぜんぜん時間が経たないっていうようなこと。変だと思わないの？　それから、わたしはソロモンを見ることができて、話をすることもできるのに、ジェイソンとビリーはソロモンを見ることができないし、話をすることもできないっていうこと。それも変だと思わない？」

もしも二人が強くそれを望むなら、できるんだよ、サラ。あるいは、僕が十分に強くそれを望むなら、二人の望んでいることに影響を与えることもできる。

「それ、どういう意味？」

あの二人が実際には見たことのないものを見たいという気持ちを強く持っていたからこ

そ、君を僕のいる雑木林へと連れてきたじゃないか。あの二人は、僕たちの出会いが起こるためのとても重要なきっかけとなったんだよ。

「うん、そうかもね」サラは、このとびきりすばらしい経験が自分の弟のお陰だったなんて思いたくありませんでした。弟はいつも悩みの種なのだと思い続ける方が、ずっと気分がよかったのです。まして、サラがこんなに楽しくてすばらしい経験をするきっかけを作ったのがジェイソンだったなんて……そんなことは考えたくもありませんでした。少なくとも今はそう思いました。

さて、サラ、今日、君が学んだことは何かを話してごらん。ソロモンは微笑んで言いました。

「町中を飛び回っても、ぜんぜん時間が経たないということを学んだ、っていうのでいい？」ソロモンが求めている答えは何なのかがよくわからなかったので、サラは質問調で答えました。「ジェイソンとビリーはまだ小さすぎるからか、まだ用意ができていないから、わたしが空を飛んでいても、あの二人にはわたしの声が聞こえないし、わたしのことが見えないことを学んだ、っていうのはどう？　それから、空を飛んでいる時には、ちっとも寒くないことを学んだ、っていうのは？」

どれもみんな、とてもいい学びだ。それについては後でもっと話してもいい。でもね、サラ、自分が望んでいないことについて話している間は、望んでいるようにはならなかったということに、気がついたかい？　だけど、望んでいることについて話しはじめたら、そしてもっと大切なのは、望んでいることを感じることができた時、すぐに望んでいるようになっただろう？

サラはその時のことを思い出そうと、静かにしていました。でも、空を飛ぶ前に考えていたことや感じていたことを思い出すのは、簡単ではありませんでした。サラは、むしろ空を飛んでいた時のことだけを考えていたいと思いました。

サラ、このことについて、できるだけたくさん考えてみるんだ。そして、何度も練習してごらん。

「わたしが空を飛ぶことを練習してほしいの？　いいわよ！」

空を飛ぶことだけじゃないんだ、サラ。君が望んでいることは何かについて考えること、そして、なぜそれを望んでいるのかと考えることを練習してほしい、ってことさ。君が望んでいることを本当に感じられるようになるまで練習するんだ。これが、僕が君に教えられる最も重要なことなんだ。やってみてごらん。

そう言って、ソロモンは高く飛び去って行きました。

今日はわたしの人生で最高の日だ！　とサラは思いました。今日、空を飛ぶことを習ったんだもん！

＊かわいそうなドナルド

「やーい、赤ん坊、おまえ、まだ寝小便してんだろう」

またみんながドナルドをいじめているのを見て、サラは腹が立ちました。でも、止めに入る勇気はなかったので、そっぽを向いて、見ていないふりをしようとしました。

「あの子たち、自分ではよっぽど頭がいいと思っているんだわ」と、サラは小声でつぶやきました。「ただ意地悪なだけなのに……」

ドナルドをからかっていたのは、サラのクラスでいつも一緒にいる二人の男の子で、自分たちを「かっこいい」と思っているのです。ドナルドは、二日ほど前に転校してきたばかりでした。ドナルドの家族もこの町に引っ越してきたばかりで、サラの家の近くの古い荒れ果てた借家に住んでいました。その家は何ヶ月もずっと空き家になっていたので、サラのお母さんは、やっと誰かが引っ越してきて喜んでいました。ぐらぐらするような古いトラックから荷物を降ろすのを見ましたが、こわれかけたような家具が少ししかなくて、本当にこれで全部なのかしら？　と思ったくらいでした。

知らない土地に引っ越してきて、知り合いが誰もいないだけでも大変なのに、さっそく口の悪いいじめっ子たちにいじめられるなんて、あまりにもかわいそうでした。廊下でリンとトミーがドナルドをいじめているのを見て、サラの目から思わず涙があふれてきました。きのうもドナルドが教室で笑われていたことを思い出しました。教室で自己紹介をするために立ち上がった時、ドナルドは真っ赤なプラスチックの筆箱を握り締めていたのです。あんまりかっこいいとは言えない、とサラも思いました。それでも、自分の弟くらいの歳の子供にならありそうなことでした。こんなにバカにされるほどのことでは絶対にないとサラには思えたのです。

あれはドナルドにとって決定的だった、とサラは思いました。一番最初の瞬間にもっと別な態度で臨んでいたら、たとえば元気よくちゃんと立って、みんなが自分をどう思うかなんて気にせず、ニコっと笑いかえしていたら、ぜんぜん違ったスタートになっていたにちがいません。でも、そうはならなかったのです。ドナルドは、うろたえて、本当におどおどして、唇をかみしめながら、くずれるように席についてしまったからです。先生はみんなをたしなめましたが、そんなことは何の効果もありませんでした。誰も先生の言うことなんて気にしていないのです。でもドナルドが、みんなが自分をどう思うかを気にしていたのは確かでした。

きのう教室を出る時、ドナルドがその新しくてぴかぴかの筆箱をドアの横のごみ箱に捨てているのを見かけました。ドナルドが見えなくなってから、サラはごみ箱から筆箱を取り出して、自分のかばんに押し込みました。

トミーとリンが廊下を歩いていくのが見え、階段をドシンドシンと降りていく音が聞こえました。ドナルドは自分のロッカーの前に立っていました。ただロッカーの中をじっと見つめていました。まるでロッカーの中に気分をよくしてくれる何かがあるかのように。あるいは、ロッカーの中に入って、外の世界を避けていたいと思っていたのかもしれません。サラはあまりにかわいそうで胸が痛みました。どうしたらいいかはわからなかったけれど、ドナルドの気分をよくするために何かしてあげたい、と思いました。廊下の端を見て、いじめっ子たちが行ってしまったことを確かめてから、サラはかばんからあの赤い筆箱を取り出して、ドナルドに走りよりました。ドナルドは数冊の教科書をいじりながら、ぎこちない様子で落ち着きを取り戻そうとしていました。

「ねえ、ドナルド。きのう、これ捨てたでしょう?」とサラはさりげなく言いました。「これ、すてきだと思うなあ。持ってた方がいいんじゃない?」

「いらないよ!」ドナルドはぴしゃっと言いました。

サラはあまりのショックで、一歩退いて心のバランスを取り戻そうとしました。

「そんなにいいと思うんなら、君が持ってればいいだろ！」ドナルドはどなりつけるように言いました。

サラは急いで筆箱をかばんに押し込み、今のやりとりを誰にも見られなかったことを願いながら、校舎を走り出て校庭を突っ切って家に向かいました。

「わたしって、どうしてこんなにおせっかいなんだろう？」サラは自分がいやになりました。「口出しなんかしない方がいいってこと、どうして忘れちゃうんだろう？」

＊いい気持ちを見つける

「ソロモン、どうしてみんなこんなに意地悪なの？」サラは聞きました。

すべての人が意地悪かい、サラ？　僕はそうは思わないけど。

「う〜ん、すべての人じゃないけど、意地悪な人が多いよぉ。どうしてなのか、わたしにはわからない。わたしが意地悪をした時は、ひどい気持ちがするのに」

どういう時に君は意地悪になるんだい、サラ？

「たいていは、誰かが先にわたしに意地悪した時。わたしはただ仕返しのために意地悪になるんだと思う」

そうすると何かいいことがある？

「もちろんある」サラはむきになって言いました。

「どうして？　仕返しをすればいい気持ちになるの？　状況を変えたり、意地悪をいくらかでも消したりできるのかい？

「ええと、違う。そうじゃないと思う」

実はね、僕の経験では、そんなことをすると、この世の中にもっと意地悪が増えるだけなんだ。まるで《苦しみの鎖》につながってしまうようなものだ。彼らがまず傷ついて、その次に君も傷ついて、次に他の誰かが傷つくきっかけを君が作って、というふうにどんどん鎖が続いていく。

「でもソロモン、そんなひどい《苦しみの鎖》なんか誰が始めたの？」

それがどこで始まったかは、どうでもいいことなんだ。でもね、それが君のところにやってきた時に君がどう対処するかということは、すごく重要だ。今、君の生活で何が起こっているんだい、サラ？　君がこの《苦しみの鎖》につながってしまうきっかけとなったのは何なんだい？

サラは、またいやな気持ちを感じながら、転校生のドナルドのこと、彼の最初の登校日のことについてソロモンに話しました。ドナルドをからかう理由にこと欠かないいじめっ子たち、それからさっき廊下で起こった信じられないような出来事についても話しました。

そしてこうしたことをソロモンに話している時、サラはまた同じ事を体験している気持ちになり、痛みのような怒りがわき上がってくるのを感じました。涙が出てきて、頬を伝って流れ落ちました。いつもはソロモンと楽しくおしゃべりするのに、今日は鼻声で泣きながらしゃべっているなんて本当にいやでした。サラはむっとして袖で涙を拭きました。ソロモンと一緒の時には、こんなふうになるはずではなかったのです。

　サラの心の中でいろいろな思いのかけらが飛び交っている間、ソロモンは長いこと黙っていました。ソロモンは大きな優しい目でサラを見つめていましたが、サラは恥ずかしいという気はしませんでした。ソロモンはサラの心の中にあるものを引き出してくれているかのようでした。

　とにかく、これでわたしが欲しくないものは何かということだけははっきりした、とサラは考えました。こんな気持ちを感じたくはないんだ。特にソロモンと話している時には。

そうだ、それでいいんだ、サラ。今、君は《苦しみの鎖》を終わらせるための最初のステップを意識的に選んだことになる。君はたった今、自分が欲しくないものは何かを意識的に認めたんだ。

「それがいいことなの？」サラは聞きました。「そんなにいい気分にはならないけど」

それは、まだ君が最初のステップを踏んだだけだからさ、サラ。あと三つあるんだ。

「次のステップは何なの？」

その前に、サラ、君が欲しくないものは何かを突き止めることはむずかしくないっていうこと——このことには賛成できるね？

「うん、できると思う。たいてい、自分の欲しくないものが何かはわかってると思う」

自分が欲しくないものについて考えている時、それが自分が欲しいものではないということが、どうやって君にわかるのだと思う？

「ただ、なんとなくわかっちゃう」

それはね、サラ、君がどう感じているかによってわかるんだよ。自分が欲しくない何かについて考えたり、話したりしている時には、いつも、いやな気持ちがするものなんだ。怒りとか、落胆とか、恥ずかしさとか、罪の意識とか、恐れなどを感じるんだ。自分が欲しくないものについて考えている時は、いつでもいやな感じがするんだよ。

サラは、普段よりもいやな気持ちをずっと多く味わったこの数日間を思い返してみてから、「そう言われてみればそうね」と言いました。「この一週間、あの男の子たちがドナルドに意地悪するのを見ていて、わたし、いつもよりずっといやな感じがしてた。ソロモンに会ってからはずっとすごくうれしい気分だったのに……。そのあと、ドナルドをいじめるあの子たちを見て、ものすごく腹が立った。これは、わたしが何を考えているかによって、わたしがどんな気分を感じるかが決まるっていうことなのね」

上出来だ、サラ。さて、第二ステップについて話そう。自分が欲しくないものが何かがわかっている時にはいつでも、自分が欲しいものは何かを突き止めることは、かなり簡単なことではないかい？

「そうかしら……」理解したいと思いながらも、まだよくわからないような気がして、サラの声はだんだん弱々しくなって何も言えなくなりました。

病気の時に、君が望むことは何だい？

「病気が治ること」サラはこれは簡単だと思って答えました。

何か欲しいものを買うお金がない時には、君は何を望む？

「もっとお金が欲しい」とサラは答えました。

ほらね、サラ、これが《苦しみの鎖》を断つための二番目のステップなんだ。第一ステップは、自分が欲しくないものは何かを認めること。第二ステップは、自分が欲しいものは何かを決めることだ。

「ふうん、それなら簡単そう」サラはだんだん気分がよくなってきました。

第三のステップが一番大切なステップなんだよ、サラ。大部分の人々が、この点を完全に見逃しているんだ。第三ステップはこうだ。自分の欲しいものが何なのかをはっきりさ

せたあとは、それがどんな感じがするかを本当に感じられるようにならなければならない、ということなんだ。欲しいものについて話したり、それが手に入ったらどうなるかを思い浮かべたり、説明したり、手に入ったつもりになったり、あるいは、以前それを持っていた時のことを思い出したりすることが必要なんだ。とにかく、欲しいものについて考え続けて、《それがどういう感じがするかという実感》を見つけなければならない。いい気持ちがしてくるまで、自分が欲しいものは何か、自分に話し続けるんだ。

　心の中でいろいろなことを思い描くことに時間を使うようにと、ソロモンが言うのを聞いて、サラは本当に自分の耳を疑いました。今までまさにその通りのことをやっていたせいで、ひどく叱られたことが何回かあったからです。ソロモンがサラに言っていることは、学校の先生たちが言っていることの正反対のように思えました。でもサラはソロモンを信頼するようになっていました。それに、これまでと違ったことを試してみてもいい、と確かに感じていました。学校の先生たちのやり方では、ちっともいい気持ちがしていなかったからです。

「どうして第三ステップが一番大切なステップなの、ソロモン？」

　それはね、君の感じ方を変えるまでは、実際に何も変えたことにはならないからなんだ。《苦しみの鎖》につながったままだ。でも感じ方を変えたら、君は別のものにつながることなる。言わば、ソロモンの考え方につながったというわけだ。

「ソロモンの考え方は何ていう名前なの?」

僕は特に何の名前もつけてはいない。それを感じることの方が大切なんだ。でもあえて言うなら、《喜びの流れ》とか《幸せの流れ》と呼んでもいい。《いい感じのエネルギーの流れ》だ。それは自然な流れなんだ、サラ。それが僕たちみんなの本質なんだよ。

「でも、それが自然なことで、みんなの本質なのだとしたら、どうしてもっと多くの人たちがいつも、いい気分でいないの?」

人々は本当にいい気分でいたいんだ。そしてほとんどの人々は、いい人間でありたいとすごく望んでいる。ところが、この点が大きな問題なんだ。

「それ、どういう意味? いい人間でいたいことが、どうして問題になるの?」

それはね、サラ、人々はいい人間でいたいと望むからこそ、何が良いことなのかを決めるために、周りを見渡して、他の人々の生き方を観察しているんだ。自分たちの周囲の状況を眺めて、その状況の中に良いことだと思えることと、悪いことだと思えることの両方を見ている。

「それが悪いことなの? それのどこが悪いのか、わたしにはわからない」

僕が気がついたことはね、人がいろいろな状況を眺めている時、それが良い状況でも悪い状況でも、ほとんどの人は自分がどう感じているかについて意識していないということなんだ。そしてそれが、ほとんどの人にとって問題を起こすことになるんだ。自分が見ていることが自分をどのような気持ちにさせているかを意識している代わりに、いい人間になりたいという気持ちから、人々はいつも悪いことを探し出しては、それを遠ざけようとばかりしているのさ。それがどうして問題かっていうとね、人々が「悪いこと」だと思っているものを遠ざけようとしている間中ずっと、その人たちは《苦しみの鎖》につながってしまっているからなんだ。人々は、自分がどんなふうに感じているのかを意識していることよりも、いろいろな状況を観察したり分析したり比較したりすることの方にずっと関心があるんだ。そして、たいていの場合、その状況が　彼らを《苦しみの鎖》の中に引きずり込んでしまうんだ。

サラ、この数日間を振り返ってみて、君が感じた強い感情のいくつかを思い出してごらん。今週、君がいやな気持ちを感じていた時、何が起こっていた？

「トミーとリンがドナルドをいじめてた時、すごくひどい気持ちがした。授業中にみんながドナルドのことを笑った時も、ひどい気持ちがしたし、一番いやな気持ちだったのは、ドナルドがわたしにどなった時。わたし、ドナルドを助けてあげようとしていただけなのよ、ソロモン」

それでいい、サラ。それについて話してみよう。君がすごくいやな気持ちを感じていた時、君は何をしていた？

「わからない。別に何もしてなかった。ただ見てただけ、だと思う」

まさにその通りだ、サラ。君は状況を観察していたんだ。けれども、君が観察することを選んだ状況というのは、君を《苦しみの鎖》につなげてしまうような種類の状況だったんだ。

「でも、ソロモン、正しくないことが起こっているのを見ないなんてことがどうしてできるの？　それから、それを見ても、いやな気持ちを感じないなんてことが、どうしてできるの？」

そういう疑問がわくのは実にもっともなことだ、サラ。いずれは満足のいくような答えをあげることを約束しよう。一度にこれを全部理解するのは簡単なことではないからね。少なくとも最初のうちは理解するのはむずかしい。その理由は、君たちが状況を観察するように訓練されてきたからなんだ。でも観察している時に自分の気持ちに注意を向けるようには訓練されていない。だから、周囲の状況が君たちの人生をコントロールしているように見えるんだ。何かいいことを観察しているなら、君はいい気持ちを感じるし、何か悪いことを観察しているなら、君はいやな気持ちを感じる。自分の人生が周囲の状況にコントロールされているように見える時、ほとんどの人はがっかりしてしまう。そしてそれが、実に多くの人々が《苦しみの鎖》につながってしまう原因なんだ。

「それなら、どうすれば《苦しみの鎖》につながらないでいられるの？ 他の誰かがそれにつながった時に、そこから引っ張り出してあげるためにはどうしたらいいの？」

そうだね、サラ、そのための方法はたくさんある。でも僕が気に入っている方法で、一番効果があるのはこれだ。「味わい愛《め》でる気持ちを感じさせてくれるようなことを考える」ということだ。

「あじわいめでる？」

そうだ、サラ、物事や人々について考えながら、君に最高の気分を感じさせてくれるような考えを見つけるんだ。物事や人々を、いつもできる限り味わい愛でるんだ。それが《喜びの流れ》につながる最高の方法だ。

第一ステップは何だったか覚えている？

「わたしが欲しくないものは何かを知ること」と、サラは得意気に答えました。それだけはしっかり覚えたのです。

第二ステップは？

「わたしが欲しいものは何かを知ること」

上出来だ、サラ。それから第三ステップは？

「ああ、ソロモン、忘れちゃった」サラはこんなにすぐに忘れてしまった自分にがっかりして、泣きそうな声で言いました。

第三ステップは、自分の欲しいものがどんな感じがするかという実感を見つけること。既に欲しいものが実現したように感じられるまで、それについて自分に話し続けること。

「ソロモン、第四ステップが何かは、まだ教えてくれてないよ」サラは思い出して、ワクワクしました。

ああ、第四ステップは最高のステップなんだ、サラ。それは君の欲しいものが手に入る時だ。第四ステップはこの物質界で君の願いが実現することだ。

これをやってみてごらん、サラ。今まで話してきたこと全部を覚えていようと努力しなくていい。ただ、味わい愛でることを練習してごらん。それが鍵だ。さあ、もう帰った方がいいよ。明日また話そう。

あじわいめでる……か、とサラはじっくりと考えてみました。味わい愛でることができる事を何か考えてみよう。最初にサラの心に浮かんだのは弟のジェイソンのことでした。うーん、これはむずかしそう。ソロモンの雑木林を後にして歩きながら、サラはそう思いました。

何かもっと簡単なものからはじめてごらん！　柱から飛び上がったソロモンが呼びかけました。

「あっ、そうね」と、サラは笑いました。ソロモンって大好き！　とサラは思いました。

僕もサラが大好きだよ。　ソロモンはもう見えないくらい遠くへ飛んで行ってしまっていましたが、サラにはソロモンの声がはっきりと聞こえました。

＊真夜中のジョーゲンセン先生

何か簡単なもの、とサラは考えました。何か簡単に味わい愛《め》でられるものはないかなあ。遠くから、サラの隣の家の犬が雪の中を転げ回ってはしゃいでいるのが見えました。飛び上がったり走ったり、それから仰向けに転がったりして、見るからに生きているのが楽しそうでした。

ブラウニー、おまえはとっても幸せな犬ね！　ブラウニーなら確かに味わい愛でられる。二〇〇メートル近くも離れたところからそう思いました。次の瞬間、ブラウニーはサラに向かって走りはじめたのです。まるで、サラがブラウニーの飼い主で、ブラウニーの名前を呼んだかのようでした。しっぽを振りながら、ブラウニーはサラの周りを二回ぐるぐる回りました。それから、この大きな毛むくじゃらの犬はサラの両肩に前足をのせて、除雪車が残していった雪のかたまりの中にサラを押し倒しました。サラはあんまり笑い転げたので、立ち上がれませんでした。「おまえもわたしのことが好きなのよね。そうでしょう、ブラウニー?」

その晩、サラはベッドの中で、今週起こったことを考えてみました。

なんだか、ずっとジェットコースターに乗っていたような感じがする。たった一週間の短い間に、人生最高の気分と人生最悪の気分を感じちゃった。ソロモンと一緒に話すのは、わたし大好きで、ああ、それから空を飛ぶことを習ったのも最高だった。でも、今週はものすごく怒ったりもしたし。これって、なんだかすごく変だ。

味わい愛でる気持ちを感じさせてくれるようなことを考えるんだ。サラは自分の部屋の中で確かにソロモンの声が聞こえたように思いました。

「まさか、そんなはずない」と、サラは決め込みました。「ただ、ソロモンが言ったことを思い出してるだけだと思う」そう言ってから、寝返りをうって横向きになりました。わたしは、この暖かくて居心地のいいベッドをありがたく思って味わい愛でられる、これは確かだ。サラは、毛布を肩までひっぱり上げながら考えました。それから、このまくらも。この柔らかくて気持ちいいまくら。これも、味わい愛でられる。サラは、まくらを両腕で抱きかかえて、その中に顔をうずめました。お母さんとお父さんのこともありがたいと思う。それから、ジェイソ……。うん、まあ、ジェイソンもね。

わからないなあ、とサラは考えました。わたし、まだ、味わい愛でる気持ちの実感を見つけられてないように思う。たぶん、わたし、くたびれすぎてるんだ。あしたまたやろう。そう考えたのを最後に、サラはぐっすり眠ってしまいました。

「わたし、また空を飛んでる！　わたし、また空を飛んでる！」サラは自分の家の上空に高く舞い上がりながら、叫びました。空を飛んでいるっていうのは、ぴったりの表現じゃないなあ、と思いました。浮かんでる、っていう方がぴったり。行きたいところならどこにでも行ける！

何の努力もしなくても、ただどこへ行きたいかを決めるだけで、サラは簡単に空中を動き回りました。時々、動きを止めて、それまで気がつかなかった何かをじっくりと眺めたり、時には地面すれすれまでビューンと降りて行ってから、また空高く舞い上がって行ったりしました。どんどん、どんどん、どんどん空高く！　下へ降りたい時には、片方の足の親指を地面に向けて伸ばしさえすればいいということをサラは発見しました。そうすれば、すぐに下へ降りていけました。また空高く飛びたいと思った時には、ただ上を向きさえすれば、すぐ空へ向かって飛ぶことができました。

ずっとずっと飛び続けていたい！　とサラは思いました。

ええと、今度はどこへ行こうかなあ？　そして、サラの住む小さな町のはるか上空を飛びながら、町中の家族が眠りにつくにつれて、家の明かりが一軒一軒消えていくのが見えました。少しずつ雪が降りはじめていました。裸足にパジャマで夜の空に浮かんでいるというのに、暖かくて安全だなんて！　サラはワクワクしました。ぜんぜん寒くなかったのです。

ほとんどの家の明かりは消えて、今は、まばらに並んだ街頭だけが光っていました。でも中心街からずっと離れたところに、一軒だけまだ明かりのついた家があるのが見えました。サラは、誰が起きているのか見に行こうと決めました。たぶん、明日の朝早く起きなくていい誰かだ、とサラは思いました。その家に近づいて、足の親指を下に向けて、上手に素早く降りていきました。

台所の小さな窓へ降りていくと、カーテンが開いていて、部屋の中をのぞき込むことができたので、サラはうれしく思いました。なんと、たくさんの紙で埋まった台所のテーブルに座っていたのは、サラの学校のジョーゲンセン先生だったのです。先生は、きちょうめんに一枚ずつ紙を取り上げてはそれを読み、別の紙を取り上げてはそれを読み……ということを繰り返していました。サラの目はその光景に釘づけになって身動きができませんでした。先生が何をやっているかはよく見えなくても、とても真剣にやっているのがわかりました。

するると今度はジョーゲンセン先生が微笑んでいるのが見えました。先生は読むのを本当に楽しんでいる様子です。次に、紙に何かを書いています。その時突然サラは、先生が何をしているのかに気がつきました。先生は、今日の授業の最後にクラスのみんなが提出した作文を読んでいたのです。一つひとつ、全部読んでいたのです。

これまで、採点されて返ってきた作文は、たいてい上の方に何か一言書かれていましたが、サラはそれを別にありがたいと思ったことはありませんでした。作文に書かれた先生の言葉を読んだ時、先生を満足させることなんてとてもできないや、と考えたことが何度もあったのです。

でも、町中のほとんどみんながぐっすり眠っている夜中に、こうして熱心に作文を読んで採点している先生を見ていると、サラはとても不思議な気持ちになりました。ジョーゲンセン先生についてそれまで持っていたいやなイメージと、今のジョーゲンセン先生の新しいイメージが、頭の中で衝突して、サラはなんだか目眩《めまい》がしそうな気分でした。「すごい！」と言いながら、サラは上空を見上げました。すると、サラの小さな体は、先生の家のはるか上空までビューンと飛び上がっていきました。

暖かい風がサラの体の中から吹き出てくるかのようでした。その風がサラの体をすっぽり包み込み、肌には鳥肌がたちました。サラの目は涙であふれていて、心臓は喜びでドキドキしました。そしてサラは高く高く空中に舞い上がり、ほとんどの人々が眠っている美しい町を見下ろしました。

わたし、ジョーゲンセン先生にも味わい愛でる気持ちを感じている、と思いながら、先生の家の上をもう一回だけびゅーんと飛んでから、自分の家に向かいました。そして振り返ってジョーゲンセン先生の台所の窓を見下ろすと、先生が窓の前に立って外を見ているのが確かに見えたようでした。

＊味わい愛でる

「おはよう、マトソンさん！」学校へ向かう途中、大通りの橋を渡りながら、サラは響き渡る自分の声を聞きました。

マトソンさんは修理中の車のボンネットの下から顔を上げました。マトソンさんは大通りと中央通りの角にある、この町でたった一つのガソリン・スタンドを経営しています。この数年の間に何百回となく学校へ向かうサラを見かけたことがありましたが、サラがこんなふうに挨拶をしてきたことはこれまで一度もありませんでした。マトソンさんはどう答えたらいいかわからずに、びっくりして、ぎこちなく手を振りました。実際、サラを知っているほとんどの人々は、いつもの内向的なサラの様子とは違う、何かハッとするような変化が起きていることに気づいていました。うなだれて足元を見つめながら物思いに沈むのではなく、山に囲まれたこの町に関心を示し、とびきり注意深く、そして驚くほど愛想が良くなっていました。

「味わい愛《め》でられることって、すごくたくさんある！」とサラは静かに小声で言い、納得していました。除雪車はもうほとんどの道の雪をどけてしまっていました。これは本当に良いことだなあ。これも味わい愛でよう、とサラは思いました。

バーグマン雑貨店の前には、梯子《はしご》がずっと上まで高く伸びた電気会社のトラックが止まっていました。一人の男の人が梯子の一番上まで登って、電信柱の高いところで仕事をしていました。もう一人の男の人は下からじっと見ていました。この人たちは何をしているのだろう。それから、垂《た》れ下がった氷柱《つらら》のせいで重くなりすぎた電線の一つを直しているということがわかりました。これは本当に良いことなんだ。この人たちが、電気がちゃんと使えるようにしておいてくれている。これも、味わい愛でよう。

サラが校庭の中へ歩いていくと、たくさんの生徒たちを乗せたスクールバスが角を曲がってきました。バスの窓は曇っていたので中にいる生徒の顔は見えませんでしたが、サラはいつもの通り、どの生徒たちがバスから降りてくるか、よく知っていました。朝早くからバスの運転手さんは、学校へ行くのに気が進まない子供たちをこの地域中から集めてきて、今その子供たちの約半分をサラの学校の前で降ろしていました。残りの半分は、サラが前に通っていた大通りにある幼稚園で降ろすことになっていました。バスの運転手さんがやっていることは良いことなんだ、とサラは思いました。これも、味わい愛でよう。

学校の校舎に入ってから、サラは重いコートを脱いだ時、校舎の中がとても暖かくて心地よく感じられました。ああ、この校舎も味わい愛でよう。それから、校舎を暖かくしてくれている暖房炉も。それから、暖房炉の管理をしてくれる用務員さんも。サラは用務員さんが、何時間も火を燃え続けさせるために、暖房炉に石炭の塊《かたまり》の山をシャベルでくべているのを見たことがあるのを思い出しました。また、用務員さんが暖房炉の中から真っ赤に焼けた石炭を取り出すのも見たことがありました。わたしたちを暖かくしておくためにこの仕事をしてくれる用務員のおじさんも、味わい愛でよう。

サラは素晴らしい気分でした。わたし、この味わい愛でることがとってもうまくなってきたみたい、とサラは思いました。どうしてもっと早くこれがわからなかったんだろう。これって、すごい！

「やい、赤ん坊！」わざと哀れっぽい様子で誰かをからかっている声が、サラに聞こえてきました。あまりにひどい言葉だったので、サラは顔をしかめました。あんなにも素晴らしい気分でいたのに、急に誰かがいじめていることがわかって、いやな気持ちになってしまったのでショックでした。

いやだ、またドナルドだ。もちろん、いつもと同じ二人組みがまたいじめていたのです。二人はドナルドを廊下の隅に追いつめていました。ドナルドの体はロッカーに押しつけられていて、リンとトミーのニヤニヤした顔がドナルドの真ん前にありました。

突然、サラは内気さをかなぐり捨て、「あんたたち、いじめるなら自分と同じ背丈《せたけ》の子を相手にしたらどう?」と言いました。言ってしまってから、そんなふうに言うつもりではなかったのに、と後悔しました。ドナルドは実際、この二人よりもかなり背が高かったからです。でも、この二人はいつも一緒にいて強気なので、ドナルドに対しても、二人がいじめる他の誰でも、弱い者いじめをしているように見えてしまうのでした。

「やーい、ドナルドにガールフレンドがいる。ドナルドにガールフレンドがいる」と、二人は歌うようにはやし立てました。サラの顔は最初は恥ずかしくて真っ赤になり、次に怒ってもっと赤くなりました。

二人は笑いながら、廊下を歩いて行ってしまいました。そこに取り残されたサラの顔はまだ赤くて、とても熱くて、いたたまれない気分でした。

「僕の味方なんてしてくれなくてもいいよ!」ドナルドは叫びました。恥ずかしくて涙が出たのを隠すために、またサラに向かって怒りをぶつけました。

あ〜あ、いやになっちゃう……とサラは思いました。またやっちゃった。いつまでたっても、わたしってバカなんだわ。ねえ、ドナルド、あなたのことも味わい愛でるわね。あなたはわたしがバカだってことを、もう一度わたしに気づかせてくれたんだもの。口出ししない方がいいってことを忘れてしまうバカだってことを。

✻ 本当の自由

「こんにちは、ソロモン」と、サラは気の抜けたような声で言って、ソロモンのとまっている柱の隣にカバンを吊《つ》り下げました。

こんにちは、サラ。今日は素晴らしい天気だね。そう思わないかい？

「うん、そう思うけど」サラはぼんやりとした様子で答えました。実際には、太陽が明るく輝いていたのに気づいていなかっただけでなく、どうでもいいと思っていたのです。サラは首に巻いていたマフラーをゆるめて引っ張り、ポケットの中に押し込みました。

ソロモンは、サラが自分の考えをまとめて、いつものように矢継ぎ早に質問を始めるのを静かに待っていました。でも今日のサラはいつになくむっとしていました。

「ソロモン」と、サラは切り出しました。「わたし、わからない」

何がわからないの？

「わたしがいろんなところを歩き回っていろんなものを味わい愛《め》でたとしても、それが

いったい誰にとって何の役に立つのか、わからない。つまり、それが何かいい結果をもたらすとは、とても思えないの」

何が言いたいんだい、サラ？

「つまりね。わたしそれをやるのが結構うまくなってきてたの。今週ずぅっと練習していたから。最初はすごくむずかしかったけど、だんだんやさしくなったの。今日だってほとんどのことを味わい愛でた。でも、学校に着いてから、リンとトミーがあのかわいそうなドナルドを、またいじめているのが聞こえたの」

それで、どうなったんだい？

「それで、わたしすごく怒ったの。あんまり怒ったので、リンとトミーをどなりつけちゃったくらい。あの二人にドナルドをほっておいてほしかっただけなのに。ドナルドがいい気分でいられるように。でも、ソロモン、わたしまた失敗しちゃった。あの二人の《苦しみの鎖》につながっちゃったの。結局何も学んでなかったんだ。ソロモン、わたし、あの男の子たちが大嫌い。あの二人、すごくひどいと思う」

どうしてあの二人が大嫌いなの？

「だって、あの二人、わたしの完璧な一日を台無しにしちゃったんだもの。今日一日中、いろんなことを味わい愛でようとしていたのに。けさ起きた時、ベッドを味わい愛でたし、その後、朝ご飯も、お母さんもお父さんも、ジェイソンだって、味わい愛でたのよ。そして学校に着くまでの道でも、味わい愛でられるものをたくさん見つけたの。それなのに、あの二人がそれをぜんぶ台無しにしちゃったのよ、ソロモン。あの二人が、わたしをまたひどい気分にさせたの。前と同じひどい気分に。『味わい愛でること』を習う前と、また同じになっちゃった」

なるほど、あの二人を君が怒っているのは無理ないね、サラ。君はたいへんな罠《わな》にはまってしまったんだから。実を言うと、それはこの世で最悪の罠といってもいいくらいなんだ。

サラは、そんなことを聞いて、あまりいい気持ちはしませんでした。ジェイソンとビリーが作った罠をたくさん見たことがあったし、二人が捕まえて大喜びしていた小さなネズミやリスや小鳥を逃がしてやったことが何回もあったからです。「誰かが自分を罠にかける」と考えただけで、恐ろしい気分になりました。

「ソロモン、それどういう意味？　どの罠のことを言っているの？」

つまりね、サラ、君の幸せが他の誰かがやったりやらなかったりすることにかかってい

る時、君は罠にはまっているんだ。なぜなら、他の人々が考えることや行なうことを、君がコントロールすることはできないからさ。でもね、サラ、自分の喜びは他人にかかっているのではないということがわかったら、その時には、本当に自由になれるんだ。それは、君が夢見たことのあるどんな途方もない夢よりもすばらしい自由だ。そして、君が喜びを感じられるかどうかは、君自身が何に対して自分の注意を向けることを選ぶか、ということだけにかかっているんだよ。

サラは静かにそれを聞いていました。頬には涙が流れていきました。

今、君が罠にはまったように感じているのは、君が目撃した出来事に対して、他の反応のしかたがあるとは思っていないからなのさ。何かを目撃して、それが君を居心地悪く感じさせる時、君はその状況に反応しているんだ。そして君は気分をよくするただ一つの方法は、状況そのものが改善されることだと思っている。でも、君は状況をコントロールすることはできないから、罠にはまったように感じるんだ。

サラは袖《そで》で涙を拭《ふ》きました。とても居心地悪く感じていました。ソロモンの言う通りで、サラは本当に罠にはまったように感じていたのです。そして罠から逃れたいと思っていました。

サラ、ただ『味わい愛でること』をずっと練習し続けてごらん。そうすれば、だんだん気分がよくなるよ。毎回、少しずつわかっていくように説明してあげるからね。そのうちわかるさ。これは君が理解できないほどむずかしいことではないんだ。楽しみ続けることだよ。明日もっと話そう。今晩はよく眠るんだ。

＊同じ羽毛の鳥たち

ソロモンの言う通りでした。いろいろなことが、どんどんよくなってきているようでした。実際、その後の数週間は、サラが思い出せるなかで最高でした。すべてのことが順調に運んでいるように見えました。学校のある日々もそれほど長く感じなくなってきました。そして驚いたことには、サラは実際に学校が好きになりはじめたのです。それでも、ソロモンに会うことがサラの一日の一番楽しい時間であることは変わりませんでした。

「ソロモン」と、サラは言いました。「この雑木林でソロモンを見つけられて、すごくうれしいなあ。ソロモンはわたしの親友よ」

僕もうれしいよ、サラ。僕たちは『同じ羽毛の鳥たち』っていうわけだ。

「まあね。わたしは鳥じゃないから、半分だけソロモンの言う通りね」サラは笑いました。ソロモンの美しい羽毛を見つめながら、あの《味わい愛でる気持ち》が暖かい風のようにサラの中を吹き抜けていきました。サラはお母さんから「同じ羽毛の鳥たちは一緒に群がる」という諺《ことわざ》を聞いたことがありましたが、それがどういう意味なのかについては、ほとんど考えたことがありませんでした。その上、自分がいつか鳥と一緒に時を過ごすことになるなんて、夢にも思っていませんでした。

「その言葉、そもそも、どういう意味なの、ソロモン？」

類は友を呼ぶ。同じ種類のものはお互いに似たもの同士は一緒に集まってくるということを表現する言葉だ。お互いに引きつけ合う、ということだ。

「つまり、駒鳥《こまどり》は駒鳥と一緒にいて、カラスはカラスと一緒にいて、リスはリスと一緒にいるっていう意味？」

うん、まあ、そういう感じだ。でも実際には、似ている物事のすべてについて、そのことが当てはまるんだよ、サラ。でもその「似ている」ということは、いつも君が考えるようなことだとは限らない。それは、たいてい、見てすぐわかるようなことではないんだ。

「よくわかんないな。目に見えなかったら、それが似ているか違っているかがどうしてわかるの？」

それを感じることができるんだよ、サラ。でもそれには練習が必要だ。そして練習できるようになる前に、まず何に注意を払っていればいいかを知らなければならない。ほとんどの人々は基本ルールを知らないから、何に注意を払えばいいかをわかっていないんだ。

「ルールって、たとえば、ゲームのルールみたいなこと?」

うん、それにも似ている。実際には、もっといい呼び名は《共鳴引力の法則》だ。それは、《同じ種類のものはお互いに引きつけ合う》という現象だ。

「ああ、そうか」サラはわかったような気がしました。「同じ羽毛の鳥たちが一緒に群がる、っていうのはそういうことなんだ」

その通りだ。そして、全宇宙の中のすべての人々とすべての物事が、この法則の影響下にあるんだ。

「ソロモン、わたし、まだよくわからない。もう少しよく教えてよ」

明日、一日の間、この法則の証拠となるものを探してごらん。目と耳を大きく開けておくんだ。そして一番重要なことは、君の周りの物事や人々や動物や状況を君が観察している時に、君がどんな気持ちを感じているかに注意を払うことだ。これを楽しんでごらん、サラ。明日、もっとこれについて話そう。

ふ~ん、同じ羽毛の鳥たちが一緒に群がる、か。サラは考え込みました。この言葉がサラの頭の中を巡っていた時、草原から雁《かり》の大群が飛び立ち、頭の上を羽ばたいて行きました。サラはいつも、冬の雁の群れを見るのが好きでした。そして雁たちがV字型の形を作って空を飛ぶことに、いつも驚いていました。鳥の群れについて話を聞いたすぐ後に、群れ

をなす鳥たちが空に現れたという一見偶然のように見える出来事に気がついて、サラは笑ってしまいました。あっ、そうか。これが共鳴引力なんだ！

＊豆電球が同時に

パックさんの古いけれどもぴかぴかの車が、サラの横を通り過ぎる時にスピードを落としました。サラはパック夫妻に手を振り、パック夫妻も微笑んでサラに向かって手を振りました。

サラはこのお年寄りの隣人たちについて、サラのお父さんが言っていた言葉を思い出しました。「あの風変わりな老夫婦は、全く似た者同士だ」

「顔まで似ているみたいね」とお母さんも付け加えました。

ふうん、とサラは考え込みました。確かにあのカップルはひどく似ている。これまでずっと見てきたお隣のこの夫婦のことを思い出してみました。たとえば、「二人とも潔癖なほどきれい好きね」と、サラのお母さんは、はじめからすぐに気がつきました。パックさんの車はいつも町中で一番ぴかぴかに光っていました。「一日に二回も車を洗っているにちがいない」とサラのお父さんは不満げに言いました。たいていお父さんの車は汚れていて、いつもきれいなパックさんの車と比べられると見劣りしてしまうのをありがたく思っていなかったのです。夏にはパックさんの家の芝生はいつもきれいに刈られて、菜園は完璧に整えられていました。そしてパックさんの奥さんも、パックさんに劣らずきちんとしていました。サラはパックさんの家の中に入る機会はめったにありませんでしたが、お母さんのお使いでパックさんの家の中にたまに入ることがあると、いつも感心させられました。いつもきれいに整頓されていて、何一つとして散らかっているものはなかったのです。ああ、やっぱり共鳴引力なんだ、とサラは思いました。

その時、サラの弟のジェイソンとその乱暴な友達ビリーが、自転車でサラにぶつかりそうになるまで近づいてきて、サラの横を走り去って行きました。「おい、サラ、よく見て歩かないとぶつかっちゃうじゃないか」と、ジェイソンは文句を言いました。二人が道の先の方まで飛ばして行きながら、ゲラゲラ笑っているのがサラに聞こえました。

いやな子たち！　と、サラは思いました。二人にぶつからないように歩道から離れようとして、もたもたしてしまったことにむっとして、また歩道に戻りました。

「あの二人はお互いにとっておあつらえ向きね。二人ともトラブルを起こすことばっかりを喜んでるんだから」そうつぶやいてから、サラは突然立ち止まりました。「これも同じ羽毛の鳥たちだ」サラの顔が明るくなりました。

「あの二人も同じ羽毛の鳥たちと同じなんだ！　これも共鳴引力だ！」**全宇宙の中のすべての人々とすべての物事が、この法則の影響下にあるんだ！**　というソロモンの言葉をサラは思い出しました。

翌日サラは、共鳴引力の証拠を見つけるのにできる限りの時間をかけました。サラは大人や子供たちやティーンエージャーたちが町中を動き回るのを観察しながら、い、い、い、い、い、い、い、い、い、い、い、い、い、どこにでもこの法則はあるのだとわかりました。

サラは学校へ行く道からほんの少しだけ脇道の、町の真ん中にあるホイト雑貨店に立ち寄りました。きのう誰かに消しゴムを貸して返してもらえなかったので、消しゴムを一個と、お昼の後に食べるチョコレートを一つ買いました。

サラはいつもこのお店の中に入るのが好きでした。いつでもいい気持ちがしました。このお店の店主は朗《ほが》らかな三人の男の人で、お店に入ってくるお客さんとなら誰とでも気軽に冗談を言い合っていました。このお店は町中で一つしかない食料品店だったのでいつもとても混んでいたのですが、レジの列が長い時でさえ、この三人の店主たちは、調子を合わせてくれるお客さんなら誰とでも冗談を言い合うのでした。

「元気かい、おチビさん？」と、三人の中で一番背が高い人がサラに声をかけました。

威勢が良かったので、サラはちょっと驚きました。以前はここの店主たちはサラをあまり相手にしたことはありませんでしたが、サラはそれで満足でした。でも今日は、明らかに自分たちの楽しみにサラも加えてくれるようでした。

「元気よ」サラは堂々と返事をしました。

「そうだ、そうこなくっちゃ！　このチョコレートと消しゴムのうち、どっちを先に食べるんだい？」

「チョコレートを先に食べて、消しゴムはデザートとしてとっておくわ！」サラはニヤっと笑いました。

ホイトさんはゲラゲラ笑いました。サラは気のきいたユーモアでホイトさんのすきをついたようでした。機転のきいた受け答えに、サラ自身も驚きました。

「じゃあ、今日一日、学校でがんばれよ、かわいこちゃん！　楽しくやれよ！」

サラはお店から出て大通りに戻りながら、素晴らしい気分でした。同じ羽毛の鳥たち。共鳴引力。どこにでもあるんだ！　サラはじっくり考えてみました。

なんていいお天気だろう！　上体を反《そ》らして、いつになく暖かい冬の日の明るい青空を見上げながら、サラはこのお天気を味わい愛でました。いつもなら凍りついている道路や歩道は濡れて光っていました。サラの歩く道の上を水がいくつもの筋になってちょろちょろと流れて、ところどころに小さな水たまりを作っていました。

「ぶるぅ～～ん」ジェイソンとビリーが一緒に叫びました。自転車でぶつかりそうになるまで一目散に近づいてきて、サラの横をびゅんびゅん走り過ぎて行きました。汚い水がサラの足にはねかかってしまいました。

「ひどい子たち、まるで怪物だわ！」サラは叫びました。足からは泥水がしたたり落ち、サラは怒りで煮えくり返りました。これって、ぜんぜん辻褄《つじつま》があってない。このこと、ソロモンに聞いてみなくちゃ。

サラの濡れた洋服は乾いたし、泥の汚れもほとんど払い落とせたけれど、一日の授業が終わる頃になっても、サラはまだ混乱して怒っていました。サラはジェイソンに対して怒っていたのですが、それは何も新しいことではありませんでした。でもそれだけではなく、サラはソロモンにも、《共鳴引力の法則》にも、《同じ羽毛の鳥たち》にも、意地悪な人々にも怒りを感じていました。実は、サラはほとんどみんなに腹を立てていたのです。

いつも通りソロモンは柱にとまって、サラがくるのをじっと待っていました。

今日はいつもより興奮しているみたいだね、サラ。何を話したいの？

「ソロモン！　あの共鳴引力っていうのには、何か間違いがあるわ！」サラはつい口をすべらせてしまいました。

ソロモンがそんなことはないと言うだろうと思って、サラはしばらく黙っていました。

先を続けてごらん、サラ。

「あのね、ソロモンは、共鳴引力っていうのは、『同じ種類のものはお互いに引きつけ合う』っていうことだって言ったでしょ？　でもね、ジェイソンとビリーは本当に悪い子たちなのよ、ソロモン。あの二人は一日のほとんどを、他のみんなをどうやっていやな気分にさせるかということばかり探そうとしているのよ」サラは少し間を置きました。ソロモンがサラの言葉をさえぎるにちがいないと、今でも思っていたからです。

先を続けてごらん、サラ。

「それでね、ソロモン、わたしは悪い子じゃないの。つまり、わたしなら、他のみんなに泥を引っかけたりしないいし、自転車で人にぶつかったりしないわ。わたしは小さい動物たちを罠にかけたり殺したりしないし、誰かの車のタイヤから空気を抜いたりはしないの。だから、どうしてジェイソンとビリーは、わたしにいつもくっついてくるの？　わたしたちは『同じ羽毛の鳥たち』じゃないわ、ソロモン。わたしたち、違う種類なのよ！」

ジェイソンとビリーは本当に悪い子たちだと思うのかい、サラ？

「うん、そう思う！」

あの二人はいたずらっ子だ。それには賛成するよ、とソロモンは微笑みました。でも彼らは、宇宙の中の人々や物事のどれと比べても似たりよったりなんだ。彼らも、自分の望んでいるものと、望んでいないものの両方が、ごちゃまぜになった生活をしている。君の弟が何かいいことをしたのに気がついたことはないかい？

「そうね、あると思う。でも、めったにない」サラは口ごもって言いました。

「そのことは後で考えてみなくちゃ。でもね、ソロモン、わたしまだわからないの。どうしてあの二人はいつもわたしにいやがらせばっかりするの？　わたしはあの二人にいやがらせなんてしないのよ！」

そうだね、サラ、実はこういうことなんだ。どの瞬間でも、君は、自分の望んでいることに注意を向けるか、望んでいるものが無いということに注意を向けるかを選ぶことができるんだ。君が望んでいるものに注意を向けている時には、ただそれを見ているというだけで、君自身の波動もそれと同じ波動になるんだ。君がそれと同じになるんだ。サラ、このことが理解できるかい？

「悪い人を見ているだけで、わたしも悪い人になるっていう意味なの？」

いいや、そういう意味ではないんだ。でも、君は理解しはじめているようだ。君のベッドと同じくらいの大きさの光の板を思い浮かべてごらん。

「光の板？」

そうだ、サラ。クリスマス・ツリーに飾る小さな豆電球みたいな小さな光が、何千も表面から突き出している板だ。光の海原《うなばら》だ。何千もの光があって、君はこの光の一つだと考えてごらん。君が何かに注意を向ける時、ただ君がそれに注意を向けているというだけで、この板の上の君の豆電球がついて、その豆電球の波動は君が注意を向けている対象と同じ波動になるんだ。そしてその瞬間、板の上の豆電球の中でその時の君の豆電球の波動と調和する波動を持つ豆電球が全部同時につくんだ。そして、ついている豆電球全部が、その時の君にとっての「世界」ということになる。それが、その時の君の波動で接近できる人々や経験だ。

考えてごらん、サラ。君が知っているすべての人々の中で、君の弟のジェイソンは、誰を一番いじめている？

サラはすぐに答えました。「わたしよ、ソロモン。ジェイソンはいつもわたしにいやがらせをしているの！」

そして、君が知っているすべての人々の中で、ジェイソンにいじめられることに注意を向けてそれを一番いやがっているのは誰だと思う？　あの二人のいたずらっ子と調和する波動の《光の板の豆電球》をつけるのは、いったい誰だと思う？

サラは笑いました。やっとわかりはじめたのです。

「それはわたしだわ、ソロモン。わたしが一番いやがっている。わたしはジェイソンを見て、ジェイソンに怒りを感じることによって、ジェイソンがいやだという波動の《光の板の豆電球》をつけっぱなしにしているのね」

そう、だからね、サラ、君が嫌いな何かを見ていて、それに気がついて、それを押しのけようとして、それについて考えている時、君は君の《光の板の豆電球》をつけているんだ。それによって、同じいやなことをもっと経験することになる。ジェイソンが近くにいない時でさえ、君の波動がその波動と同じになっていることがよくあるんだ。ジェイソンが近くにいた時に起こった最近の出来事を君が思い出しているだけで、そうなるんだ。以上のことの利点は何かというとね、サラ、こういうことなんだ。君がどう感じているかに気づいていれば、君の波動がどんなものと調和する波動になっているかがいつでもわかるんだ。

「それ、どういう意味?」

君が幸せな時はいつでも、君が味わい愛《め》でる気持ちを感じている時はいつでも、つまり、人々や物事の良い側面に気がついている時はいつでも、君の波動は君が望んでいることと調和する波動になっているということなんだ。でも、君が怒っていたり怖がっていたりする時はいつでも、また、君が罪の意識を感じていたり落胆していたりする時はいつでも、その瞬間においては、君の波動は自分が望んでいないことと調和する波動になってしまっているんだ。

「どんな時でもいつでもなの、ソロモン？」

そうだ。いつでもだ。君が感じている気持ちというものは、いつでも信頼できるものなんだ。それは君を導いてくれる仕組みなんだ。このことをよく考えてみるんだ、サラ。これからの数日間、君の周りの人々を観察する時、君が感じる気持ちによく注意してごらん。サラ、君の波動が何と調和する波動になっているのかを、自分で自覚してごらん。

「わかった、ソロモン。やってみる。でも、これはけっこうむずかしそうだなあ。たくさん練習が必要かもしれない」

その通りだ。練習の機会になるような人が、たくさん君の周りにいてよかったね。これを楽しんでごらん。

そう言って、ソロモンは高く飛び去って行きました。

ソロモン、あなたになら簡単なことだと思うけど、とサラは考えました。だって、あなたは誰と一緒に時間を過ごすかを自分で決めることができるんだもの。あなたは、リンやトミーのような子たちがいる学校に行かなくていいし、ジェイソンと一緒に暮らさなくてもいいんだもの。

すると、ソロモンがその場にいてサラの耳に向かってしゃべりかけているかのようにはっきりと、ソロモンの声が聞こえました。君の幸せが他の誰かがやったりやらなかったりすることにかかっている時、君は罠にはまっているんだ。なぜなら、他の人々が考えることや行なうことを、君がコントロールすることはできないからさ。自分の喜びは他人にかかっているのではないということがわかったら、その時には、本当に自由になれるんだ。それは、君が夢見たことのあるどんな途方もない夢よりもすばらしい自由だ。そして、君が喜びを感じられるかどうかは、君自身が何に対して自分の注意を向けることを選ぶか、ということだけにかかっているんだよ。

＊最悪の気分

ソロモンの雑木林に向かって歩きながら、今日はひどい一日だったなあ、とサラは思いました。「学校なんか大嫌い！」と声に出して言ってしまいました。朝、学校の校庭に足を踏み入れたとたんに感じたあの怒りの中に、またすべり落ちてしまったのです。この惨めな一日の出来事をあれこれ思い出しながら、ほとんど自分の足元だけを見つめて歩いていきました。

サラが学校の正門に着いたのはちょうどスクールバスが到着した時でした。バスの運転手さんがドアを開けたとたん、騒がしい男子生徒たちが飛び出してきて、サラはなぎ倒されそうになったのです。男の子たちはあらゆる方向からサラにぶつかってきて、サラは手に持っていた教科書を落としてしまい、カバンの中身も地面に散らばってしまいました。そしてもっとひどいことには、ジョーゲンセン先生のクラスの宿題の作文を書いた紙が踏みつけられてしまったのです。サラはくしゃくしゃになって泥にまみれた紙をかき集め、

一まとめに重ねて、カバンの中に押し込みました。「この作文をきれいに仕上げようとあんなに気を配ったのに、こんなことになるなんてひどい」とサラはつぶやきました。この作文はわざわざ時間をかけて二度目の清書をしてから、大事に折りたたんで、カバンに入れたのですが、今ではそんなことしなければよかったと思いました。

正門に歩いて行きながらも、まだ自分の持ち物をまとめるためにもたもたしていたサラを、ウェブスター先生が後ろから追い立てました。この先生はほとんどの生徒に嫌われている三年生の担任の痩《や》せた女の先生で、「サラさん、もっと早く歩きなさい。先生は一日中待っていられませんからね！」と、サラに向かってぴしゃっと言いました。

「わたしが生きてて悪かったわね～！」とサラは小声でつぶやきました。「あ～あ、いやになっちゃう！」

この日サラは少なくとも百回は時計を見て過ごしました。意地悪だらけの学校から自由になれる放課後までの時間を毎分毎分数えていました。

　そしてついに終業のベルが鳴り、サラはやっと自由になれました。

「学校なんか大嫌い。本当に学校っていやだ。こんなにひどい気持ちがするものに価値があるはずない」

　いつもの習慣から、サラはソロモンの雑木林に向かいました。最後の曲がり角を曲がって、サッカーさんの土地の細い道に入った時、サラは思いました。今日の気分はこれまで最悪の最悪だと思う。特にソロモンと出会って以来、最悪の気分だ。

　サラはソロモンに不満を言いました。「わたし、学校が大嫌い。学校なんて時間の無駄だと思う」

　ソロモンはとても静かでした。

「抜け出せない檻《おり》みたいなものだと思う。檻の中のみんなが意地悪で、一日中、人を傷つけようとしているのよ」

　それでも、ソロモンからは何の応答もありません。

「生徒たちがお互いに意地悪だっていうだけでもひどいことなのに、先生たちも意地悪なのよ、ソロモン。先生たちだって、学校にいるのが好きじゃないんじゃないかなあ」

　ソロモンは目を見据《みす》えながら、ただそこにとまっていました。ソロモンの大きな黄色い目が時々瞬きするので、ソロモンがぐっすり眠ってしまっているのではないことだけはわかりました。

居たたまれない気持ちがわき上がってくるにつれて、サラの頬を涙が伝っていきました。

「ソロモン、わたし、ただ幸せになりたいだけなのに。学校では絶対幸せにはなれないと思う」

それなら、サラ、この町からも出ていった方がいいと思うよ。

ソロモンが突然口を開いたことにびっくりして、サラは顔を上げました。

「何て言ったの、ソロモン？　この町を出る？」

そうだ、サラ。君が学校を去る理由が、その中に悪いことがあるからだというのなら、この町も出た方がいいし、この地域からも、この国からも出て、この地球上からも、この宇宙からさえも消えてしまった方がいいと思うよ。そうなったら、サラ、君をどこに送り出してやったらいいかわからないね。

サラは混乱してしまいました。こんなソロモンは、サラが仲良くなって大好きになったソロモンでもないし、いつも問題を解決する方法を教えてくれるソロモンでもないように思えました。

「ソロモン、何が言いたいの？」

あのね、サラ。僕はこういうことを発見したんだ。この宇宙のすべての物事の中には、《君が望んでいること》と《君が望んでいないこと》という要素の両方が内在しているんだ。どの人の中にも、どんな状況の中にも、どの場所の中にも、どの瞬間の中にも、その両方の要素のどちらかを選べるという選択肢が常に存在しているんだ。いつでもずっとあるんだ。だからね、サラ、ある場所や状況の中に悪いことがあるからという理由でそこを去るなら、次の場所に行っても、ほとんど同じことが起こるってことなんだ。

「そんなこと聞いてもちっとも気分がよくならない。絶望的な感じがする」

サラ、君がやるべきことは、君が望んでいるものだけが存在する完璧な場所を探し出すことではないんだ。君がやるべきことは、君の望んでいるものをすべての場所の中に見つけ出すことなんだ。

「でもどうして？　そんなことして、どんな得があるの？」

ええと、一つは、まず君の気分がよくなる。そして二番めには、君が見たいと望んでいる物事についてもっと気がつくようになるにつれて、その物事がもっともっと君の経験の一部となっていくんだ。どんどん簡単になっていくんだよ、サラ。

「でも、ソロモン、ある場所は他の場所よりもずっとひどい、ってことがあるんじゃないの？　だって、学校は世界中で最悪の場所だもん」

そうだねえ、サラ、ある場所は他の場所よりも良いことを見つけ出すのがずっと簡単だということはあるけれど、それはかなり大きな罠になってしまうことがあるんだ。

「それどういう意味？」

何か嫌いなものを見て、それから離れるためにどこか別の場所に行こうと決めると、たいてい、その嫌いなものも一緒に持っていってしまうことになるんだ。

「でも、ソロモン、わたし、あんな意地悪な先生や意地悪な子たちを一緒に連れて行ったりしないわ」

うん、おそらく同じ人々を連れて行くことはしないだろう、サラ。でも、彼らとすごく似ている他の人々に出会うことになるんだ。どこへ行ったとしても。サラ、《同じ羽毛の鳥たち》のこと覚えているね。《光の板》のことも覚えているね。君が嫌いな物事を見て、それについて考えたり話したりする時、君自身がそれと同じようになってしまうんだ。そして、どこへ行っても、その嫌いなものもそこについてくるんだ。

「ソロモン、そのこと、わたし、いつも忘れてしまう」

サラ、それについて忘れてしまうことはもっともなことだ。なぜなら、君は、ほとんどの人々と同じように、現状に反応することを身につけてしまっているからだ。良い状況に取り囲まれているなら、「いい気分になる」という反応をするけれど、悪い状況に取り囲まれているなら、「悪い気分になる」という反応をする。

ほとんどの人々は、まず最初に完璧な状況を見つけなければならないと考えている。そして完璧な状況を見つけたなら、やっと「幸せになる」という反応ができると考えているんだ。でも、こう考えているから、人々はひどい挫折感を感じてしまうことになるんだ。なぜなら、状況をコントロールすることは自分にはできないということが、すぐにわかるからだ。

君が学んでいることはね、サラ、既に完璧に出来上がっている状況を見つけるために君がここにいるのではない、という点なんだ。君がここにいるのは、味わい愛でることができる物事を選ぶためなんだ。味わい愛でることによって、君自身の波動が、君が見つけようとしていた完璧な状況の波動と同じ波動になる。そうしてこそ、その完璧な状況を自分に引き寄せられるんだ。

「そうかもしれないけど……」サラはため息をつきました。こういったことは、理解できる範囲を越えているように思えたのです。

サラ、これは君が思っているほど複雑なことではないんだ。実は、人々が自分たちを取り囲む状況から意味を見つけ出そうと努力する際に、このことを必要以上に複雑なものにしてしまっている。『すべての状況の一つひとつがどのようにして創り出されているのか』とか、『どの状況が正しくて、どの状況が間違っているのか』というようなことを解明しようと努力するなら、人はひどく混乱してしまうことになる。そんなことを全部うまく整理しようとしても、頭がこんがらかってくるだけだろう。でも、もしも君がただ自分の心の扉が開いているか閉じているかだけに注意を払うのなら、君の人生はもっとずっと簡単で、ずっと幸せなものとなるんだ。

「わたしの心の扉？　それどういう意味？」

サラ、どの瞬間でも、混じりけのない至福のエネルギーの流れが君の中を流れているんだ。君の家の水道の水圧みたいなものだと言ってもいい。水圧はバルブに圧力をかけながら、いつでもそこにある。家の中で水が欲しい時には、君はバルブを開けて、水を中に流れさせる。けれども、バルブが閉じている時には水は流れ込まない。それと同じように、君がやるべきことは、自分の中に流れ込んでくる《幸せ》に向かって《心の扉》を開けておくことなんだ。《幸せ》は君のために常にそこにあるのだけれど、君自身がそれを取り込まなければならないんだ。

「でも、ソロモン」と、サラは反論しました。「他のみんなが怒っていて意地悪な学校の中で、わたしの《心の扉》を開けておくことが、いったい何の得になるの？」

まず第一に、《心の扉》が開いている時には、意地悪なことにはあまり気がつかないし、君の目の前で意地悪さが消えてしまうこともある。開きかけた《心の扉》や閉じかけた《心の扉》の端っこでためらっている人々がたくさんいるんだ。だから、そういう人々が君と接して、君の《心の扉》が大きく開いていたら、その人たちは容易に君の微笑みにつられて微笑んでくれたり、愛想のいい応対をしてくれる。それに、覚えておくべきことは、開いている《心の扉》というのは、今現在起こっていることに影響を与えるだけではないということだ。それは明日にも、あさってにも影響を与えている。だから、いい気持ちでいられる『今日』をたくさん体験すればするほど、『明日』や『あさって』の状況がどんどん気持ちのいいものになっていくんだ。これを練習してごらん、サラ。

今という瞬間においてはどんなに悪い状況のように見えても、どんな状況も、自分の《心の扉》を閉じてしまうには値しないという決断をするんだ。自分の《心の扉》をずっと開いておくことが一番重要なことだと決めてごらん。

サラ、覚えておくといい言葉を教えてあげよう。できるだけ頻繁にこれを言ってみるこ

とだ。『何がなんでも、《幸せの流れ》に向かって《心の扉》を開けたままにしておこう』という言葉だ。

「じゃあ、そうしてみる、ソロモン」と、サラは素直に答えました。今聞いたことのすべては、なんだかまだ確信が持てないような気がしていましたが、ソロモンが教えてくれた他のテクニックを試してみるようになってから、全体的にいろいろなことが随分よくなってきたことを思い出したからです。

ソロモンの雑木林を出て行きながら後ろを振り返ったサラは、「練習してみる〜。うまくいくといいけどぉ〜！」と叫びました。そして心の中では、何が起こってもいい気分でいられるのなら、それはほんとに素敵なことだ。それこそが、本当にわたしが望んでることなんだ、と思っていました。

✲ 心の扉を開く

お母さんの車がガレージの前にとまっているのを見て、おかしいな、とサラは思いました。お母さんがこんなに早く家に帰るはずないのに。

「ただいま〜」玄関のドアを開けながら、サラは叫びました。こんなに大声でただいまと言うことはめったにないので、自分でも驚くほどでした。でも返事はありません。かばんをダイニングルームのテーブルの上に置いてから、もう一度呼んでみました。「誰かいないの?」

台所を通り抜けて廊下に出て、寝室の方に歩いていくと、「ここよ、サラ」という、お母さんの静かな声が聞こえました。寝室のカーテンは閉まっていて、お母さんは目と額《ひたい》の上にピンク色のタオルを当てて、ベッドに横になっていました。

「どうしたの、お母さん?」サラは聞きました。

「ちょっと頭痛がするだけよ。一日中痛かったんだけど、もうこれ以上一分だって会社にいられないような気持ちがしたから、帰ってきたの」

「今は少しはいいの？」

「目を閉じていると気分がいいの。もう少しこうして横になっていることにするわ。もう少ししたら起きるからね。ドアを閉めておいてちょうだい。そしてジェイソンが帰ってきたら、もう少ししたら起きるって言っておいてね。少し眠れれば、気分が良くなると思うの」

サラは抜き足差し足で部屋を出て、ドアをそっと閉めました。暗い廊下で少し立ち止まって、これからどうしようかと考えました。何をしなければいけないかは、ちゃんとわかっていました。これまでもずっと毎日、同じ家事のお手伝いをしてきたからです。でも今はなんだかすべてが違って見えました。

お母さんが病気で仕事を休んで家にいたことなんて、これまで一度もありませんでした。なんだかとても心細くなりました。胃のあたりがきゅ～んとなって、どうしていいかわからないような気持ちがしました。お母さんがいつもしっかりしていて元気だったからこそ、サラは一日中安心していられたのだということに、その時まで気がついていませんでした。

「いやだなあ」と、サラは声を出して言いました。「お母さんが早くよくなるといいな」

サラ。ソロモンの声が聞こえてきました。君の幸せは、君の周りの状況で決まるものなのかい？　これは練習するには絶好のチャンスかもしれないよ。

「わかった、ソロモン。でもどうやって練習するの？　わたし、どうすればいいの？」

ただ、《心の扉》を開ければいいんだよ、サラ。いやな気持ちがしている時は、君の《心の扉》は閉じているんだ。だから、君の《心の扉》がまた開いてくるまで、いい感じのする考えをどんどん考えるようにしてみてごらん。

サラは台所に入っても、まだ、具合の悪いお母さんのことばかり考えていました。お母さんのハンドバックが台所のテーブルの上にあって、そのことを考えるのをやめられなかったからです。

何かをやる、という決断をするんだ、サラ。君の分担になっていることについて考えてごらん。そして、その全部を、今、記録的な速さで仕上げてしまうと決めてごらん。余分に何かをやってみることを考えるんだ。いつもの分担の仕事を超えた何かだ。

それを聞いて、サラはすぐに動き出す力がわいてきました。素早く確かな身動きで、家中に散らかっているものを拾い集めました。きのうの夜、みんなが家中に散らかしていったいろいろなものでした。リビングの床に広がっていた新聞を集めて重ねました。それから、テーブルの上のほこりを払いました。バスルームの洗面台とバスタブを洗いました。台所とバスルームのごみ箱の中身を捨てました。リビングの端にあるお父さんの大きな机の上に散らばっていた紙の山を整頓《せいとん》しながら、お父さんが置いた場所から、あまり遠くへ動かさないように気をつけました。お父さんが机の上で何をどこに置くかをちゃんと決めているのかどうか、サラにはぜんぜんわかりませんでしたが、後でお父さんが困らないようにしておきたかったからです。お父さんは実際にこの机に座ることはあまりなかったので、どうしてリビングの中でこの机がこんなに大きな空間を取っているのか、よくわかりませんでした。でもこの机はお父さんが考えるための場所を作ってくれているようでした。というよりも、お父さんが今すぐ考えたくないものを置いておける場所になっていたのかもしれません。

サラはやることをはっきり決めていたので、てきぱきと動いていました。お母さんを起こしたくないからリビングに電気掃除機をかけるのはやめよう、と決めるまでは、自分がこんなに短い時間でどんなにいい気分になっていたかに気がつきませんでした。でも、電気掃除機でお母さんを起こしたくないと思ったことで、サラはまた「お母さんの具合が悪い」といういやなことを思い出してしまいました。そのとたんにあの鈍い、いやな感じが胃のあたりに戻ってきました。

けれどもサラは突然、はっとしました。ああ、そうか！　そうなんだ。お母さんのことを考える前まではいい気分でいたのに、思い出したらまたいやな気分になっちゃった。何を考えているかによって気分が変わるんだ！　お母さんが具合が悪いっていうことは変わってないけど、わたしが考えていることが変わるだけで、気分がよくなったり悪くなったりするんだ。

サラはうれしくなってきました。とても大切なことがわかったからです。自分の喜びは、本当に、人々や物事に左右されているのではないということを発見したのです。

すると、寝室のドアが開くのが聞こえて、お母さんが廊下から台所に入ってきました。「あら、サラ、ずいぶんきれいに片づけてくれたのね！」と、お母さんは大きな声で言いました。気分はずっと良くなったようでした。

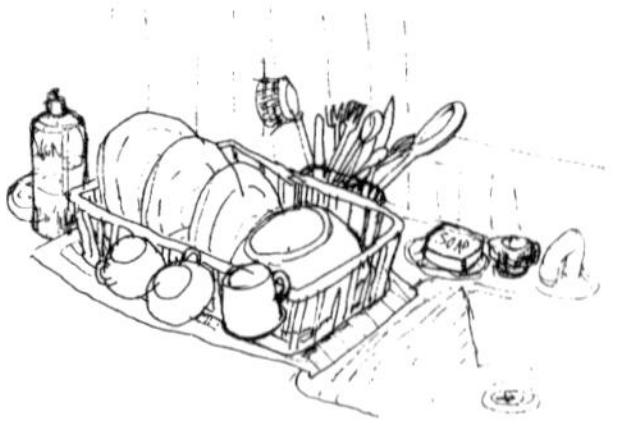

「お母さん、頭が痛いのは治ったの？」サラは優しく尋ねました。

「だいぶ良くなったわ、サラ。少し休めたのよ。サラがここでいろいろやってくれてるのがわかっていたから。ありがとうね、サラ」

サラは素晴らしい気分でした。サラが実際にやったことは、毎日学校から帰った後にやっていることとそれほど変わりませんでした。でもサラのお母さんは、サラの行動そのものよりも、サラの《心の扉》が開いていたことを認めて感謝してくれたのでした。これならできる、とサラは思いました。まわりで何が起こっていても、いつでも《心の扉》を開いておくことができるんだ。

サラはソロモンの言葉を思い出しました。「何がなんでも、《心の扉》を開けたままにしておこう！」

✲ 魔法のような出来事

「よくできたね、サラ君。一〇〇点」――ジョーゲンセン先生が手渡してくれたきのうの宿題の紙の上に、手書きでこう書かれてありました。

真っ赤なインクで書かれたこの言葉を読みながら、サラはニコニコしてしまうのを止められませんでした。先生はサラの前の席の女の子に宿題を手渡した時に、またサラの方をちらっと見て、先生を見上げたサラにウィンクしました。

サラの心は踊りました。とても得意になりました。これはサラにとって新しい気分で、この気分がとても好きになりました。

その日、サラはソロモンと話すために雑木林に行くのが、待ち遠しくてたまりませんでした。

「ソロモン、ジョーゲンセン先生に何が起こったの？」と、サラは聞きました。「先生は別人みたいなの」

先生は変わってなんかいないよ、サラ。ただ、君が前とは違うことに気づきはじめただけなんだ。

「そうじゃないと思うなあ。先生が今までと違うことをやっているんだと思う」

たとえばどんなこと？

「ええとね、たとえば、今までよりずっとニコニコしてるし、授業が終わるベルが鳴る前に口笛を吹いたりしてる。先生は、前はそんなことしたことがなかったのに。わたしに向かってウィンクまでしたのよ！　それから、授業中にずっと面白い話をするようになって、生徒たちを笑わせるの。先生は前よりずっと幸せそうに見える」

なるほど、サラ。君の先生は君の《喜びの流れ》につながったみたいだね。

サラはびっくりしました。ソロモンは、ジョーゲンセン先生の行動が変わったことがサラのお陰だと言おうとしているのでしょうか。

「ソロモン、わたしが先生を幸せにしてあげたって、言っているの？」

いや、君だけのせいでそうなったというわけではないんだ、サラ。なぜなら、先生自身が幸せになりたいと思っているからさ。でも、先生が幸せになりたいということを思い出させるのを、君が手伝ってあげたことになるんだ。そして、先生がそもそもなぜ教職につきたいと思ったかということを、君は先生に思い出させたんだ。

「でも、ソロモン、わたし、そんなこと先生と話したことなんてないのに、どうやってわたしが先生にそれを思い出させることができたの？」

君は先生を味わい愛《め》でたことによって、そのすべてを行なったのさ。つまりね、人々や物事に君の注意を向けて、それと同時に、注意を向けている対象に向かって、あの素晴らしい《味わい愛でる気持ち》を感じる時はいつでも、その人々や物事の《本来の良いあり方》を増加させるんだ。君の《味わい愛でる気持ち》で、みんなにシャワーを浴びせかけるようなものだ。

「庭の水道のホースで水を浴びせかけるみたいに？」自分でおかしな喩《たと》えを思いついたことにうれしくなって、サラはくすくす笑いました。

そうだ、サラ、それにすごく似ている。けれども君がみんなに水を浴びせかけることができるようになるためには、君のホースを水道につなげて、栓をひねって水を流さなければならないだろう？　それと同じで、《味わい愛でること》が君を《幸せの流れ》につなげて、その《流れ》を流すことになるんだ。君が《味わい愛でる気持ち》や愛を感じていたり、人々や物事についての何か良いことに注意を向けている時はいつでも、《幸せの流れ》につながっているんだ。

「誰が《味わい愛でる気持ち》をその《幸せの流れ》に入れたの？　それはどこからくる

の?」

それはずっと昔からいつでも、そこにあるんだよ、サラ。ただ自然にあるんだ。

「それなら、どうしてみんながいつも、それを周りの人たちに浴びせかけていないの?」

それはね、ほとんどの人が《幸せの流れ》とのつながりを断ってしまったからなんだよ、サラ。意識的にそうしたのではないけれど、みんな、どうすればつながったままでいられるかがわかっていないからなんだ。

「ということは、つまり、ソロモンが言っているのは、わたしはいつでもそれにつながることができるっていうことなの? いつでも、どこでも、何でも好きなものに対して、それを浴びせかけることができるっていうことなの?」

その通りだ、サラ。そして、君が《味わい愛でる気持ち》をホースで浴びせかける時はいつでも、明らかな変化に気がつくようになるんだ。

「すごい!」今習ったことがどんなにすごいことかを考えながら、サラはささやくような小さな声で言いました。「ソロモン、まるで魔法みたいね!」

最初のうちは魔法のように見えるかもしれないが、そのうちに、とても自然なことだと感じるようになるさ。いい気持ちを感じること、そして他の人々がいい気持ちを感じるためのきっかけとなることは、君ができることの中で一番自然なことなんだ!

サラは地面に投げ出してあったジャケットとカバンを拾い上げて、今日はこれでソロモンにさよならを言う用意をはじめました。

覚えておくんだ、サラ、君のやるべきことはただ《幸せの流れ》につながったままでいることだけだってことを。

サラは身動きを止めて、ソロモンの方を向きました。これはソロモンが最初に言ったほど簡単でも魔法のようでもないかもしれないと、突然気づいたからです。

「ソロモン、《幸せの流れ》につながったままでいるためには、何かコツがあるの?」

最初のうちは、少し練習が必要かもしれない。でもどんどん上手になるよ。これから何日かの間、何かについて考えてから、君がどんな気持ちを感じているかに注意してみてごらん。サラ、君が味わい愛でていたり、そういう気持ちに浸《ひた》っていたり、何かをほめていたり、良い面に焦点を当てていたりする時には、素晴らしい気持ちがするってことに、君は気がつくだろう。素晴らしい気持ちがするのは、君が《幸せの流れ》につながっているという意味なんだ。でも、君が非難したり、批判したり、あら捜しをしたりする時には、君はいい気持ちを感じない。そのいやな気持ちは、君が《幸せの流れ》につながっていないという意味なんだ。少なくとも、いやな気持ちを感じている間だけは、つながっていないんだ。サラ、この練習を楽しんでごらん。

そう言ったかと思うと、ソロモンは飛んでいってしまいました。

サラは家に向かって歩きながら、何とも言えないいい気分を感じました。それまでも、ソロモンの《味わい愛でる》というゲームをとても楽しんでいました。でも、素晴らしい《幸せの流れ》につながるために味わい愛でるという考えで、サラはもっとワクワクしました。なぜか、味わい愛でる理由が増えたように思えました。

家に着く前の最後の角を曲がると、サラは、家の前の道をのろのろと歩いているお年寄りのゾーイーお婆さんを見かけました。この冬中、サラはお婆さんを見かけたことがなかったので、外を歩いているお婆さんを見てびっくりしました。ゾーイーお婆さんはサラに気がつきませんでしたから、サラはお婆さんに声をかけませんでした。お婆さんを驚かせたくはなかったし、声をかけたら必ず始まってしまう長い会話に深入りしたくはなかったからです。お婆さんはとてもゆっくり話しました。この数年の間サラは、ゾーイーお婆さんが自分の考えを表現しようとして言葉を探すのを見るとイライラするので、お婆さんとは話さないほうがいいと思うようになっていました。まるで、お婆さんは考えを言葉にするのに手間取りすぎて、自分で何を考えているのかわからなくなってしまうかのようでした。サラが時々言葉を差し挟んで助けてあげようとしても、ゾーイーお婆さんをイライラさせるだけでした。だから、サラはお婆さんを避けるのが一番だと決めていたのです。だからといって、本当にそれでかまわないと思っていたわけではありません。サラは、このかわいそうなお年寄りが階段をよたよたと登るのを見つめながら、悲しく感じました。お婆さんはあらん限りの力を込めて手すりにしがみつきながら、自宅の正面玄関の前の四段か五段ばかりの階段を一段ずつ、とてもゆっくりと登って行きました。

わたしが年をとった時、あんなふうにならないといいな、とサラは思いました。そしてサラはさっきのソロモンとの会話を思い出しました。ああ、そうだ、《幸せの流れ》があるんだ！　わたし、《幸せの流れ》をお婆さんに浴びせかけてあげよう！　まず《幸せの流れ》につながって、それから、流れをお婆さんの上に流れさせるんだ。けれども、その流れを感じることができませんでした。いいわ、もう一度やってみる。それでも《幸せの流れ》につながった感じがありませんでした。サラはたちまちがっかりしました。「でも、ソロモン」とサラは訴えかけました。「これは本当に大切なことなのよ。ゾーイーお婆さんは《幸せの流れ》が必要なのよ」それでも、ソロモンからは何の応答もありませんでした。「ソロモン、どこにいるの？」サラは、ゾーイーお婆さんがサラに気がついて、正面玄関の階段の上に立ってサラを見つめていることにさえ気づかずに、声を出して叫んでしまいました。

「誰と話しているのかい？」ゾーイーお婆さんはどうなるように言いました。

サラはびっくりして、どぎまぎしてしまいました。「誰でもありません」と答えて、お婆さんの菜園の横の道を素早く走り過ぎて、慌てて逃げて行きました。菜園といっても、今は、春に新しく種が蒔《ま》かれるのを待っているだけのただの泥の土地でしかありませんでした。顔が赤くなるほど怒ったままで、サラは家に帰りました。

✲ ゾーイーお婆さん

「ソロモン、きのうはどこにいたの？」柱にとまっているソロモンを見つけて、サラは文句を言いました。「ゾーイーお婆さんがいい気分になるのを助けてあげられるように、わたしが《幸せの流れ》につながるのをソロモンに助けてほしかったのに」

つながるのがどうしてむずかしかったかわかるかい、サラ？

「わからない。どうしてつながれなかったの？　わたし、本当につながりたかったのに」

なぜ、つながりたかったの？

「ゾーイーお婆さんを本当に助けてあげたかったの。お婆さんはとても年を取っていて、混乱しているんだもの。お婆さんの生活はあまり楽しくないと思う」

つまり、君が《流れ》につながりたかったのは、ゾーイーお婆さんが幸せになれるように、彼女に《流れ》を浴びせかけて、彼女の問題を解決してあげるため、というわけだね？

「そうよ、ソロモン。だからそれを助けてくれる？」

うーん、サラ、助けてあげたいけどねえ。残念だがそれはできないことだ。

「どうしてできないの、ソロモン？　それどういう意味？　あのお婆さんは本当にすごくいい人なのよ。ソロモンだって好きになると思うわ。お婆さんは何も悪いことをしたことなんてないと思うし……」

サラ、もちろん君の言っている通りだと思うよ。ゾーイーお婆さんは素晴らしい人だ。この状況で彼女を助けてあげられない理由は、彼女自身とはまったく関係ないことなんだ。それは君のせいなんだ。

「わたしのせい?!　わたしが何をしたって言うの、ソロモン？　わたし、お婆さんを助けようとしてるだけなのよ！」

確かにその通りだ、サラ。君が望んでいるのはまさにそれだ。ただね、君は絶対うまくいかない方法でそれをやろうとしているんだ。思い出してごらん、サラ、君のやるべきことは、《幸せの流れ》につながることなんだ。

「そんなこと、わかってるわ、ソロモン。だからソロモンからの助けが必要だったんじゃない。わたしがつながることができるように」

でもね、サラ、僕も君を助けることはできないんだ。君自身が、《それがどういう感じがするかという実感》を自分で見つけ出さなければいけないんだ。

「ソロモン、わたしにはわからない」

覚えているだろう、サラ、《苦しみの鎖》につながっていながら、同時に《幸せの流れ》につながることはできないっていうことを。一度にどちらか一方にしかつながれないんだ。不快な状況を見ていて、それが君をいやな気分にさせている時、君がそのいやな気持ちを感じているということ自体が、その時点で君が《幸せの流れ》につながっていないということを、君に教えているんだ。そして、《幸せ》の自然な流れにつながっていない時には、君は他人に与えられるものなんか何も持っていないんだ。

「そんなのひどい。それじゃあ人を助けることなんてできないじゃない。助けが必要な人を見つけても、その人が助けが必要だということをただ見ているだけで、わたしがその人を助けられなくなるなんて。そんなのひどい。それじゃあ、いったいぜんたい、どうやって人を助けたらいいの？」

一番大切なことは《幸せの流れ》にずっとつながったままでいることだってことを、覚えておかなければいけない。だから、君の考えを、自分がいい気持ちでいられるようなところにずっと向けておかなければならない。ということはつまりね、現在の状況について意識するよりも、自分と《幸せの流れ》のつながりをもっと意識しなくちゃいけないんだ。それが鍵だ。

きのう起こったことを思い出してごらん。ゾーイーお婆さんとの間で何が起こったか話してごらん。

「うん。学校の帰り道、家に向かって歩いていたら、ゾーイーお婆さんが自分の家の前の道をよろよろ歩いていたの。手足がまったく不自由みたいなのよ、ソロモン。ほとんど歩けないくらい。本物の枯れ木で作った古い杖《つえ》を使って、歩く時自分を支えているの」

それから、何が起こったの？

「う〜んと、別に何も起こらなかった。ただ、わたし、こんなに手足が不自由なのは悲しいなあって思ってたの……」

それから、何が起こったの？

「ええと、何にも起こらなかったわ、ソロモン」

ちょうどその時、君はどんなことを感じていた、サラ？

「ええと、わたしはほんとにいやな感じがしてた。ゾーイーお婆さんのことを、ほんとにかわいそうだと感じてた。お婆さんたら、階段を登る時に自分の体を引っ張り上げるのでさえ大変なの。年を取ったらわたしもあんなふうになっちゃうのかと思ったら、わたし怖くなっちゃった」

ほら、それが、この出来事全体の中で一番重要な点だ。もし自分がいやな感じを感じていることに気づいたら、それは《幸せの流れ》とのつながりを断った状況にいるということなんだ。本当はね、人は自然に《幸せの流れ》につながっているものなんだよ。つながるために努力なんかしなくていいんだ。どう感じているかに意識を向けることが重要なのは、つながりが断たれた時にすぐにそれに気づけるからなんだ。つながりが断たれている状態がいやな気持ちというものなのさ。

「でも、つながったままでいるためには、わたし何をすればよかったの、ソロモン？」

『つながったままでいる』ということを最優先させている時には、つながったままでいられるような考えをどんどん思いつくものなんだ。けれども、そのことが一番重要なことだってことを真に理解するまで、ほとんどの人は、ありとあらゆる種類の無駄な探求をしている。

今から、いくつかの考えを言ってみるから、それを聞いた時、どんな感じがするかに注意を払ってごらん。それが君を《幸せの流れ》につなげるか、つながりを断ってしまうかどうか。

「いいわよ」

『あのかわいそうな老女を見てごらん。ほとんど歩くことさえできやしない』

「う～ん、それはすごくいやな感じがする」

『ゾーイーお婆さんに、いったい何が起こるかわからない。階段をひとりで登ることだって、もう今はできない。もっとひどくなったら、彼女はどうするのだろう？』

「それは、つながりを断ってしまう。簡単にわかる」

『彼女のひどい子供たちは、いったいどこにいるんだろう。どうして、彼女のところにきて、世話をしてあげないいんだろう？』

「わたしもそのこと考えたことがあったの。これもつながりを断ってしまう」

『ゾーイーお婆さんはしっかりしたお年寄りだ。独立していることが好きな人だと思う』

「う～ん。その考えはずっといい感じがする」

『誰かが彼女の世話をしてあげようとしたとしても、たぶん彼女はそれを望まないだろう』

「うん。その考えもずっといい感じがする。それに、それはたぶん本当だと思う。わたしがお婆さんのために何かやってあげようとすると、お婆さんは怒るのよ」ゾーイーお婆さんの言いかけたことを待ちきれなくて言ってしまおうとすると、ゾーイーお婆さんがどんなにイライラするかを、サラは思い出しました。

『この素敵なお年寄りは、長い充実した人生を送ってきた。彼女が不幸せだということを示す根拠は全くない』

「それはいい感じがする」

『彼女はたぶん自分が生きたいと思っている通りに生きているのだろう』

「それもいい感じがする」

『彼女は今まで見てきたいろいろなことについて、面白い話をたくさんすることができるにちがいない。私は時々彼女を訪ねて、何か聞いてみたい』

「それはすごくいい感じがするわ、ソロモン。ゾーイーお婆さんも喜ぶと思う」

だからね、サラ、同じ対象を見ても、たくさんの異なった状況を見つけて焦点を当てることができるんだ。そして、君が感じている感じ方から、役に立つ状況を選んでいるか、役に立たない状況を選んでいるかがわかるんだ。

サラは前よりずっと気分が良くなりました。「だんだんわかってきたような気がする」

その通りだ、サラ、君は確かにわかりはじめている。さて君は今、意識的にこのことを理解したいと思うようになったから、これから、そのことがわかるようになるための機会

が増えてくると思うよ。それを楽しんでごらん。

いろいろなことがどんどん良くなっていくように見えました。毎日、悪いことよりも良いことの方が多くなりました。

ソロモンを見つけられて本当によかったなあ。それとも、ソロモンの方がわたしを見つけたのかもしれないけど。一つも悪い出来事が起こらなかった一日の後、学校から家に向かって歩きながらサラは考えました。毎日がほんとにどんどん良くなってきている。

大通りの橋の手すりが曲がって突き出しているところに立ち止まり、さらさらと流れる川の上に身を乗り出して、サラはニッコリしました。本当に心が弾んでいました。この日は何もかもすべてがうまくいっていました。

＊曲がり角のヘビ

男の子たちの騒がしい叫び声が聞こえてきたので見上げると、これまで見たことがないほどの速さで一目散に走ってくるジェイソンとビリーが見えました。二人がサラのいるところを通り過ぎていった時、あまりに速く走っていたので、サラが手すりによりかかっていたことさえ気がつかなかったようでした。二人とも帽子を両手で押さえながら、ホイト雑貨店の前を猛スピードで走り過ぎていきました。二人の様子がなんとなくおかしくて、サラはちょっと笑ってしまいました。帽子を押さえなければならないほど速く走っていた二人は、なんだか本当に滑稽《こっけい》に見えたからです。あの二人ったら、いつも音速よりも速く走ろうとしているみたい、と思いながらサラは微笑んでいて、もうあの二人のことをあまりいやだと思わなくなったことに気がつきました。ジェイソンとビリーは、実際にはほとんど変わっていませんでした。けれども、二人のせいでサラがイライラすることはもうなくなっていました。

車の修理のために、いつも頭を車のボンネットの中に突っ込んでいるマトソンさんに手を振ってから、サラはソロモンの雑木林に向かって急ぎました。「ああ、いいお天気だなあ！」放課後のきれいな青空を見上げて、さわやかな春の空気を吸い込みながら、サラは声を出して言いました。サラはたいてい、最後の雪が溶けて春の草花が咲きはじめると、元気がでてくるのでした。この地方の冬は長いのです。けれども、サラをこんなにも元気づけたのは冬の終わりではなく、学校の終わりでした。三ヶ月の夏休みという自由がすぐ目の前に見えてきたことが、うれしくてたまらない理由だったのです。けれども、今日のうれしさは夏休みが近づいているからではない、とサラにはわかっていました。これは、サラが《心の扉》を発見したからなのでした。《心の扉》を、何がなんでも、開けたままにしておくことを学んだからでした。

自由だって感じることは、すっごくいい気持ち、とサラは思いました。いい気持ちでいる時はすごくいい感じがする。なんにも怖がらないでいる時は、すごくいい感じがする……。

「きゃあ〜〜〜！」突然、サラは金切り声をあげて、飛び上がりました。これまで見たことのないほど大きなヘビを踏んでしまいそうになったのです。そのヘビは、終わりがないかのような長い体をすっかり伸ばしきって、道に横たわっていました。うまくヘビを飛び越えて着地したサラは、死にもの狂いで走りました。ヘビからずーっと遠くに離れた、と確信できるまで、決してスピードを落とさずに、田舎道の曲がり角まで走り続けました。

「ふうん、やっぱり、わたしは自分で思ってたほど勇敢じゃなかったんだ」と、サラはひとりで笑ってしまいました。そして、ジェイソンとビリーがどうしてあんなにすさまじいスピードで、サラにいやがらせをしようともせずに走って行ったのかに気がついて、もっと激しく笑い出しました。ソロモンの雑木林に入りかけた時も、まだ荒い息をしながら笑っていました。

ソロモンは、サラがくるのを期待しながらも気長に待っていました。**おや、サラ、今日はいつもよりずいぶん元気がいいみたいだね。**

「ソロモン、この頃、不思議なことが起こるのよ。やっとのことで何かがわかるようになったと思うと、その後すぐに別なことが起こって、結局何もわかってなかったんだっていうことに気がつくの。わたしは本当に勇敢で、なんにも怖いものはないって確信したちょうどその時に、死ぬほど怖いことが起こるの。すごく変だと思う」

君は死ぬほど怖がっているようには見えないよ、サラ。

「うん、ちょっと大げさに言ったのよ、ソロモン。だって、見ての通り、わたし死んでいないでしょ……」

僕が言っているのは、君には怖がっている様子がないっていう意味さ。何よりも、君は笑っているじゃないか。

「うん、今は笑ってるけど、あの大きなヘビが道の上にいて、わたしに噛みつこうとしていた時には、笑ってなんかいなかった。その時ちょうど、わたし、自分は何て勇敢で大胆なんだろうって自分に言っていたところだったのに、そのあと、とっさに怖いって感じて、死にもの狂いで走り出したの」

なるほど。サラ、そんなに自分に厳しくならなくていいんだ。何らかの形で不快な状況に直面した時に、とっさに強く感情的に反応することは全く正常なことだ。君が何に焦点を当てているかによって、共鳴引力が何を君のもとに引き寄せてくるのかが決まると前に言ったけれど、君にとっての共鳴引力の焦点となる君の波動を決めるのは、君の最初のとっさの反応ではないんだ。最初の反応の後で、それに対して君が何をするかということが、後々まで影響を残すことになるんだ。

「それ、どういう意味？」

サラ、ヘビが君をそんなに怖がらせたのはなぜだと思う？

「なぜって、それがヘビだったからよ、ソロモン！　ヘビは怖いものよ！　ヘビは噛みつくし、噛まれたら病気になっちゃうわ。ヘビに殺される人だっているのよ。人の体にぐるぐる巻きついて締めつけて、あばら骨を折ったり、息ができないようにして窒息死させたりするのよ」と、サラは得意になって説明しました。学校で見たことのある自然界についての怖い映画を思い出したのです。

サラは一息つくためにに話をやめて、少し静かにしようとしました。興奮したサラの目はぎらぎら光って、心臓がドキドキしていました。

サラ、君が今使っている言葉は、君をいい気持ちにさせていると思う？　それとも悪い気持ちにさせていると思う？

サラはしばらく静かにして考えてみなければなりませんでした。自分の言葉が自分をどんな気持ちにさせているかなんて考えてもいなかったからです。サラはただ、自分がヘビというものをどんなふうに感じていたかを説明することで興奮していただけでした。

ほらね、サラ。さっき、最初の反応の後に君が行なうことが最も重要だって僕が言ったのは、そういう意味なんだ。君がこのヘビや別のヘビについて、それからヘビというもの全体についてのありとあらゆる悪いことについて延々と話し続けている間、君はその波動の中に自分を閉じ込めているんだ。そうすると、ヘビに関する居心地の悪い経験を他にもどんどん自分のもとに引き寄せてしまうようになってくるんだ。

「でもソロモン、それじゃあ、わたしはどうしたらいいの？　だって、あのすごく大きなヘビはただあそこにいたのよ。それをわたしが見つけたの。ほとんど踏みそうになっちゃった。もし踏んでたら、一体わたしに何が起こってたかわからない……」

ほら、またやってる、サラ。君はまた君が望んでいない何かを想像して、それを君の頭の中のイメージとして持ち続けているんだ。

サラは静かにしていました。ソロモンが何を言おうとしたのかはわかっていましたが、それについてどうしていいのかわからなかったのです。サラが体験した事実としてのヘビは、ものすごく大きくて、ものすごく近くにいて、ものすごく怖かったので、別な態度をとることなどできなかったのです。「じゃあ、ソロモン、あなたが小さな女の子だったとして、大きなヘビを踏みそうになったのだとしたら、あなたならどうするの？」

サラ、まず最初に、君の目標は、何よりもまず《もっといい気持ちを実感すること》でなければならないんだ。それ以外の目標を持っていたなら、ひどく脇道にそれてしまうことになる。すべてのヘビがどこに隠れているのかを知ろうとするなら、君はもっといやな気持ちになる。二度とヘビをあんなに近くで見なくてすむように十分に警戒していようと決めるなら、君は圧倒されるような気持ちになるだろう。いいヘビと悪いヘビとの見分けがつくように、すべてのヘビを識別しようと思うなら、すべてを分類するという課題の途方もなさを感じることになる。さまざまな状況を厳密に調べようとすることは、ただ状況を悪化させるだけだ。君の唯一の目標は、君が飛び上がってヘビから逃れようとして走っていた時に感じた気持ちよりも、もっとずっといい気持ちを感じるような方法で、このことに臨むようにすることなんだ。

「それはどうすればできるの？」

たとえば自分に向かって、こう言ってみるといい。『この長生きしている大きなヘビは、ただそこに横たわって日向ぼっこしている。冬が終わって、ヘビもうれしいのだ。日光はヘビにとっても気持ちがいい。ちょうど私にとっても気持ちがいいのと同じように』

「でも、わたし、まだいい気持ちにならない」

こんなふうにも言える。『この長生きしている大きなヘビは、私には全く関心がない。私がそばを走っていった時、ヘビは見上げることさえしなかった。ヘビには、小さな女の子に噛みつくことなんかより、他にもっとやるべきことがたくさんある。』

「ええと、それは少しはいい感じがする。他には？」

『私は実によく気がつく。私はヘビを見つけて、それを飛び越えてよかった。私がヘビの邪魔をせずにすんだから。ヘビも私に対して同じことをしてくれるだろう』

「でも、ヘビはそうしてくれるかしら、ソロモン？　どうしてそんなことがわかるの？」

ヘビは君の周りのどこにでも住んでいるんだよ、サラ。川の中にもいるし、君が歩く草の中にもいる。君が通り過ぎる時、ヘビは君の邪魔にならないように君をよけて通るんだ。ヘビたちは、みんなのために十分な場所があるってことがわかっているんだ。ヘビたちは君たちの地球の完璧なバランスを理解している。ヘビたちも、自分たちの《心の扉》を開いたままにしているのさ。

「ヘビにも《心の扉》があるの?!」

もちろん、あるとも。地球上のすべての動物が《心の扉》を持っている。そして動物たちの《心の扉》はほとんどいつも、ずっと大きく開いているんだ。

「ふうん」サラは考え込みました。今はずいぶんいい気持ちになってきました。

ほらね、サラ、ずっといい気持ちがしてきただろう？　何も変わってはいない。ヘビは今でも、君がさっき見たところに横たわっている。状況は変わっていない。けれども、君が感じている感じ方は、確かに変わったんだ。

サラにはソロモンの言う通りだとわかりました。

サラ、これからはね、ヘビを見たら、君はいい気持ちを感じるだろう。君の《心の扉》は開いているし、ヘビたちの《心の扉》も開いている。そして、君もヘビたちも調和の中で生き続けることになるんだ。

新しい理解を得て、サラの瞳は明るく輝きました。

「わかった、ソロモン。じゃあ、わたし、もう帰らなきゃ。また明日ね」

道をスキップしていくサラを見て、ソロモンは微笑みました。それから、サラはふいに立ち止まって、肩越しに振り返って叫びました。「ソロモン、わたしがヘビを怖がることがこれからもあると思う？」

そうだね、サラ、あるかもしれない。でも、もしも怖くなった時には、どうすればいいか、もうわかっているね。

「うん」サラはニヤっと笑いました。「わかってる」

そして、いつかは君の恐れは完全に消えてしまう時がくる。ヘビについての恐れだけではない。すべてのものへの恐れが消えるんだ、とソロモンが付け加えました。

雑木林から家に向かって歩きながら、サラは道の横の草原を横目で見て、何匹のヘビがそこに隠れているのだろうと考えました。最初は、自分の歩く道のそばの潅木《かんぼく》の中にヘビたちがひそんでいるという怖い考えに、サラは少し震えましたが、その後、ヘビたちがサラの邪魔をしないで隠れていてくれるのは何てよいことだろう、と考え直しました。ジェイソンやビリーたちがよくやっているように、ヘビたちが突然飛び出してきてサラを驚かしたりしないので、何て親切なんだ

ろうと思いました。家のガレージに続くじゃり道から前庭へ歩きながら、サラはニコニコしていました。戦いに勝って強くなったような気持ちを感じていました。恐れを手放して、いい気持ちがしました。それは本当にいい気持ちでした。

✻ 永遠

「サラ！　サラ！　すごいんだよ、サラ！　何だと思う？　僕たちソロモンを見つけたんだ！」

まさか、そんなことあるはずない！　とサラは思いました。ジェイソンとビリーが自転車に乗ってサラに向かって素早く近づいてくる間、サラは道の上で身動きもできずに立ちすくみました。

「それどういう意味よ、ソロモンを見つけたなんて？　どこで見つけたの？」

「サッカーさんの土地の雑木林の細い道のところで見つけたんだよ、サラ。それでね、そのあとどうなったと思う？」ジェイソンは得意になって宣言しました。「僕たちソロモンを撃ったんだ！」

サラは体から力が抜けたように感じて、地面に倒れてしまうかと思ったほどでした。ひざはがくがくしていました。

「ソロモンは、あそこの柱にただとまってたんだ。だから、僕たち、あいつを空に飛び立たせてから、ビリーがおもちゃのピストルで撃ってやったんだ。最高だったよ、サラ！でも、ソロモンは僕たちが思ってたほど大きくなかったんだ。ほとんど羽ばっかりなんだよ」

サラは自分の耳を疑いました。今聞いたことでサラが受けたショックはものすごく大きく、それはとても重大なことだというのに、ジェイソンはソロモンが思ったほど大きくなかったなどというたわいもないことをしゃべっているのです。サラは頭が破裂しそうな気がしました。カバンを地面に落として、雑木林へ向かって全速力で走りはじめました。

「ソロモン！　ソロモン！　どこにいるの、ソロモン！」サラは狂ったように叫びました。

ここだよ、サラ、僕はここにいる。びっくりしなくていいんだ。

くしゃくしゃになった茂みの中に、ソロモンが横たわっていました。

「ああ、ソロモン」とサラは叫ぶと、雪の上にひざをつきました。「ああ、ソロモン。あの子たち、ソロモンに何てひどいことをしたの！」

ソロモンは本当にめちゃめちゃになっていました。いつもはきちんとしていた羽は、くしゃくしゃになって、あちこちに向いていました。そしてソロモンの周りの真っ白な雪は血で赤く染まっていました。

「ソロモン、ソロモン、わたしどうしたらいいの？」

サラ、これは別にたいしたことじゃないんだ、本当に。

「でもソロモン、血が流れてるわ。このたくさんの血を見てよ。ソロモン、ちゃんと元気になれるの？」

もちろんだとも、サラ。すべてはいつも、うまくいっているんだから。

「ああ、ソロモン。あの《すべてはうまくいっている》って話はこれ以上しないで。わたし、自分の目にはっきりと、すべてはうまくいっていないってことが見えてるんだもん」

サラ、僕のそばにきてごらん、とソロモンは言いました。

サラはソロモンの横にまで這《は》って行って、ソロモンの背中に手を置いて、顎《あご》の下の羽をさすってあげました。サラがソロモンに触れたのはこれがはじめてでした。ソロモンはとても柔らかくて、とてもか弱い存在のように感じられました。涙がサラの頬を流れていきました。

サラ、この骨と羽のくしゃくしゃになったかたまりを、本当のソロモンと混同してはいけない。この体は本当のソロモンが特定の見方でこの世の物事を見たり体験したりするための道具のようなものなんだ。もっと大きな存在が、その一つの見方を通して見ているだけなんだ。君の体だって同じことだ、サラ。それは本当の君自身ではない。それは、本当

の君が遊んだり、成長したり、喜んだりするために、今の間だけ使っている道具なんだ。

「でもソロモン、わたしソロモンが大好き。ソロモンがいなくなったら、わたし、いったいどうしたらいいの？」

サラ、君はいったい、そういう考えをどこから習ってくるんだい？ ソロモンはどこにも行きはしない。ソロモンは永遠だ！

「でもソロモン、あなたは死にかけてるじゃないの！」サラはつい口をすべらせてしまってから、今まで感じたことがないほど鋭い痛みを感じました。

サラ、よく聞くんだ。僕は死にかけてなんかいない。だって、死なんてものは存在しないからだ。確かに、これからはこの体を使うことはなくなるけれど、もともとこの体はちょっと古くて固くなってきていたんだ。サッカー家の孫たちを喜ばせるために僕の首を三六〇度回転させて見せてやろうとした日以来、首の筋を違えてしまってね。

サラは涙の中で笑いました。ソロモンは、どんなにひどいことが起こっている時でも、ほとんどいつもサラを笑わせることができました。

サラ、僕たちの友情は永遠だ。それはどういう意味かって言うとね、君がソロモンとおしゃべりしたい時はいつでも、何を話したいのかをはっきりさせてから、それに意識を集中させて、とてもいい気持ちを感じさえすればいいっていう意味なんだ。そうすれば、僕

は君と一緒にここにいられるんだよ。

「でも、わたしソロモンの姿が見られるの？　見たり触ったりできるソロモンに会えるの？」

それはたぶんできないだろう、サラ。少なくともしばらくの間はね。でもサラ、僕たちの関係はもともとそんなものじゃないんだ。君と僕とは心の友達なんだよ。

そしてその言葉を最後にして、ソロモンのもみくしゃになっていた体は雪の中にがくんと沈み、ソロモンの大きな目は瞬きをしてから閉じてしまいました。

「行かないで〜〜〜！」サラの声が草原いっぱいに響き渡りました。「ソロモン、わたしを置いていかないで〜！」

でもソロモンはもう何も言いませんでした。

サラは立ち上がって、ソロモンの体を見下ろしました。雪の中に横たわっているソロモンはとても小さく見えました。風の中で羽毛がかすかに揺れていました。サラはコートを脱いで、ソロモンの横の雪の上に広げました。ソロモンの体を持ち上げ、優しくコートの上に載せ、ソロモンの体をコートで包みました。そして、ずいぶん寒いということにも気づかずに、サラはソロモンを抱えながら、雑木林の細い道を歩いていきました。

サラ、僕たちの友情は永遠だ。それはどういう意味かって言うとね、君がソロモンとお

しゃべりしたい時はいつでも、何を話したいのかをはっきりさせてから、それに意識を集中させて、とてもいい気持ちを感じさえすればいいっていう意味なんだ。そうすれば、僕は君と一緒にここにいられるんだよ。ソロモンは、もう一度言いました。でもサラにはそれが聞こえませんでした。

✲ 秘密を打ち明ける

ソロモンがどんな存在だったのか、どんなに大切な友達だったのかを、サラはお父さんとお母さんにどうやって説明したらいいのかわかりませんでした。頭がくらくらしました。そしてこれまでソロモンについて、家族のみんなにもっと話しておかなかったことをとても後悔しました。そのせいで今、サラの身に訪れた悲しい出来事について説明のしようがなくなってしまったからです。サラは、導きや慰《なぐさ》めを得るのにすっかりソロモンに頼るようになっていて、自分の家族にはそういうことはほとんど求めなくなっていました。そして今、ソロモンは死んでしまったのです。完全にひとりぼっちで、頼れる人は誰もいないように感じました。

サラはソロモンをどうしたらいいかわかりませんでした。地面はまだ凍っていてとても固かったので、ソロモンのためにお墓を掘ってあげることなど自分にはとてもできないとわかっていました。これまで死んだ鳥やねずみをお父さんが始末するのを見た時のように、ソロモンを石炭の暖房炉の中に投げ込むことなど、考えるだけでもぞっとしました。

ガレージの前でお父さんの車が急ブレーキで止まった時、サラはまだソロモンを腕にかかえて、ぼろぼろと涙を流しながら家の正面玄関の前の階段にすわっていました。お父さんはサラの濡れたかばんとくしゃくしゃになった教科書の山を抱えながら、急いで車から出てきました。サラは道の脇に残してきた自分のかばんや教科書のことは、すっかり忘れていたのでした。

「サラ、マトソンさんから会社に電話があって、サラのかばんと教科書が道に落ちていたのを見つけたと知らせてくれたんだ。何か大変なことが起こったんじゃないかと心配したよ」

お父さんにこんなところを見られたのが恥ずかしくて、サラは涙で濡れた顔を拭きました。ソロモンのことをずっと秘密にしておくために、ソロモンを隠してしまいたいように思いましたが、それと同時に、お父さんにすべてを話してしまって安心したいとも思いました。

「サラ、どうしたんだ？　何があったんだい？」

「ああ、お父さん。ジェイソンとビリーがソロモンを殺しちゃったの」サラは打ち明けてしまいました。

「ソロモン？」と尋ねるお父さんに向かって、サラはコートを広げて、死んでしまった自分の友達を見せてあげました。

「ああ、サラ、それは残念だったね」この死んだふくろうが、サラにとってどうしてそんなに大切だったのか、お父さんには見当もつきませんでしたが、サラが深刻な心の痛手を受けていることは明らかでした。お父さんはこんな状態の自分の娘を見たことはこれまでありませんでした。サラを優しく抱きしめて心の傷を癒してあげたかったけれど、それだけでは足りないほどの大事件が起きたのだということが、お父さんにはわかりました。「サラ、ソロモンを渡しなさい。鶏小屋の裏にお墓を掘ってあげるから。さあ、家の中に入って暖まるんだ」

その時はじめてサラは自分がひどく冷え切っていることに気がつきました。抱えていたかたまりをしぶしぶと手放し、ソロモンをお父さんの腕の中に託《たく》しました。サラは自分を弱々しく感じ、とても悲しく、とてもとても疲れていました。お父さんがサラの大切なソロモンを慎重にかかえながら姿を消すまで、階段にすわったままでいました。あの羽毛のかたまりがどんなに貴重なものだったのかがわかっているかのように、お父さんがそれを生真面目に思いやりを込めて運んでいくのに気がついて、サラは涙の中で弱々しく微笑みました。

自分の部屋に入ってからは、洋服を着たままベッドの上にバタンと倒れ込み、靴を床に向かって蹴り落としてから、枕の中ですすり泣きました。それから眠ってしまいました。

＊夢の中で

サラは風変わりな雑木林に立っていました。きれいな春の花に囲まれて、辺り一面には鮮やかな色の鳥や蝶々《ちょうちょう》が何匹も飛び交っていました。

さて、サラ。君は今日、たくさん話すことがあるみたいだね、とソロモンが言いました。

「ソロモン！」サラは大喜びで叫びました。

「ソロモン、死んだんじゃなかったのね！　ああ、ソロモン、あなたに会えてすごくうれしい！」

サラ、どうしてそんなにびっくりしているんだい？　死なんてものは存在しないんだって、僕は言ったじゃないか。さあ、サラ、今日は何について話したい？

ソロモンは、普段と違ったことなんて何も起こらなかったかのように、こともなげに言いました。

「ソロモン、死なんてものは存在しないってあなたが言ったのは覚えてるけど、でもあなたはちゃんと死んでたように見えたのよ。ぐにゃぐにゃして重たくなっていて、目も閉じていて、息もしてなかった」

あのね、サラ、君はただ、ある特定の在り方のソロモンを見ることに慣れていただけなんだ。でもね今、君はこれまでよりずっと強くそれを求めるようになったから、ソロモンをこれまでよりもっと広い見方で見ることのできる機会が得られたんだ。もっと普遍的な見方で見る機会だ。

「それどういう意味？」

つまり、ほとんどの人々は物事を肉眼を通してしか見ることはないんだ。でも今、君はもっと広い見方で見る機会が得られたんだよ。物理的存在としてのサラの中に生きている本当のサラの目を通して見るという機会だ。

「わたしの中に別のサラがいるの？　そしてあなたは、わたしの知っていたソロモンの中にいる別のソロモンだっていうことなの？」

そうだ、サラ、その通りだ。そして《内なるサラ》は永遠に生き続けるんだ。その《内

なるサラ》は決して死ぬことはない。ちょうど、今、君が見ているこの《内なるソロモン》が決して死ぬことはないのと同じように。

「ふうん、それはとてもいいことだと思うけど……。ソロモン、わたし明日また、雑木林でソロモンに会えるの？」

いいや、サラ。僕はあそこには行かない。

サラは眉をひそめました。

でも、サラ、考えてごらんよ！　君がソロモンとおしゃべりしたい時は、いつでもそれができるんだ。君がどこにいるかには関係なく。もう雑木林まで歩いていかなくていいんだよ。ただソロモンについて考えるだけでいいんだ。そしてソロモンとおしゃべりするのがどんな感じがするかを思い出すだけで、僕はすぐに君のそばにきて君と話ができるんだ。

「ふうん、ソロモン、それは悪くないけど、でもわたし、雑木林でお話するのがとっても好きだったの。前みたいに、あの雑木林に戻った方がいいとは思わないの？」

サラ、君は、雑木林での楽しいおしゃべりよりももっとずっと、僕たちの新しい対話が大好きになるさ。僕たちの新しい対話には何の制限もないんだ。僕たち、大いに楽しめるよ。

「わかった、ソロモン。あなたの言うことを信じることにする」

じゃあ、おやすみ、サラ。

「ソロモン！」ソロモンがこんなにすぐに行ってしまうのはいやで、サラは叫んでしまいました。

何だい、サラ？

「死なないでいてくれて、ありがとう」

おやすみ、サラ。すべてはうまくいってるんだよ。

Ⅱ部　サラとソロモンのその後

✻ 考えを選ぶ

「ソロモン、あなたを撃ち殺したジェイソンとビリーを怒ってないの？」

なぜだい、サラ？　なぜ、僕が彼らを怒ったりしなければいけないんだい？

「だってソロモン、あの二人はあなたを撃ち殺したのよ！」サラはびっくりして言いました。サラの質問の意味がわからないなんてことがありえるのでしょうか。あんなにひどいことをしたあの二人をどうして怒らないでいられるのでしょうか。

いいや、サラ。僕がジェイソンとビリーについて考える時はいつでも、ただ、彼らがきっかけでサラに会えたことをありがたく思うだけだ。

「でもソロモン。あなたを撃ち殺したことの方が、それよりもずっと重要なことなんじゃないの？」

僕にとって重要なことはただ一つ、僕がいい気持ちを感じるようにすることだけだ。いい気持ちを感じていながら、同時にジェイソンに怒りを感じることはできない。僕の《心の扉》を開いたままにしておくことが、最も重要なことなんだ、サラ。だから僕はいつでも、いい気持ちを感じさせてくれる考えを選ぶんだ。

「ソロモン、ちょっと待ってよ。ソロモンが言っていることは、誰かがどんなに悪い人で、どんなにひどいことをしたかということに関係なく、それについては考えないっていうことなの？　どんなに悪いことをした人のことでも、ソロモンは怒らないっていうことなの？」

サラ、みんな善意を持っているんだ。

「ソロモン、冗談はやめてよ。あの二人はあなたを撃ち殺したのよ！　どのくらい悪いことなら、ソロモンにそれが悪いことだってわかるの？」

サラ、いくつか質問させてくれ。ジェイソンとビリーが僕を撃ち殺したことを僕が本当にものすごく怒ったとしたら、それであの二人がいろんな生き物を撃ち殺すのをやめると君は思うのかい？

　サラは黙っていました。ソロモンが怒っても何かが変わるとは思えませんでした。サラ自身がこれまでも数え切れないくらい何回も、あの二人が生き物を撃ち殺すことに怒りを感じていましたが、そのせいで二人がそれをやめようとしたことは一度もなかったからです。

「いいえ、ソロモン。たぶんそうはならないと思う」

怒りによって達成できる目的を何か思いつくことができる？

サラもそのことについて考えたことがありました。

僕が彼らに怒りを感じたとしたら、君の怒りが正当だという君の気持ちを強めるのを助けるかもしれない。でも、そうしたら僕は君の《苦しみの鎖》につながってしまうだけだ。そこから何もいいことなど起こりはしない。

「でも、ソロモン。ただ、わたしには……」サラは反論しようとしました。

ソロモンはそれをさえぎりました。**どの行動が正しくて、どの行動が間違っているかについては、僕たちは一日中でも一晩中でも話し続けることができる。君の残りの人生の全部を使って、どんな行動が適切で、どんな行動が適切でないか、それからどういう状況下ではそれが適切で、どういう状況下では適切ではないかということ分類しようとし続けることもできる。けれども僕が学んだことは、なぜ自分がいやな気持ちがするのかを正当化しようとして過ごした時間はいつでも、たとえそれがほんの一分間だとしても、人生の浪費となってしまうということなんだ。そして、いい気持ちを感じている状態に戻るのが速ければ速いほど、人生はずっと良くなって、他の人々に提供できる良いものをもっとたく**

さん持つことができる、ということも学んだんだ。

だからね、何回もの人生を生きて、たくさんの経験をしたことを通して、僕は《心の扉》を閉じてしまうような考えを選ぶこともできるし、《心の扉》を開いてくれる考えを選ぶこともできるということがわかるようになったんだ。でもどちらの場合でも、それは僕自身の選択なんだ。だから僕は、ずっと昔に、ジェイソンやビリーのような人々を非難することをやめてしまった。なぜなら、そうしてもそれが僕を助けることになったわけではないし、彼らを助けることにもならなかったからだ。

サラは黙っていました。これについてはちょっと考えてみなければならないと思いました。サラはすでに、あんなひどいことをしたジェイソンを絶対にゆるさないと決めていたのです。それなのに、ソロモンは今ここで、サラの非難の気持ちにほんの少しも味方してくれようとはしないのです。

覚えておくんだ、サラ。君がどう感じるかということが君の周囲の状況によって左右されているなら、君はいつでも罠にはまっていることになる。けれども、君が自分の考えを選ぶことによって、自分がどう感じるかを自分で決められるようになった時、その時こそ、君は真に自由になるんだよ。

サラは、確かそんな話を前にソロモンから聞いたことがあったのを思い出しました。でもその時は、これほど大きな問題はありませんでした。なぜか、今回のことだけは、ゆるすことができないほどに大きな問題だと思えたのです。

サラ、この広い世の中ではね、実に多くの人々が何が正しくて何が間違っているかについて異なった考え方をしているんだ。だから、君はしばしば、正しくないと感じられるような行動を目撃することがあるだろう。君を喜ばせるためだけに、すべての人々が自分たちの行動を変えるようにと君は要求するつもりかい？　もし仮にそれができるのだとしても、そんなことしたいと思うかい？

誰もがサラを喜ばせるように行動するという考えは、ある意味では魅力的だと思いましたが、そんなことが本当に起こりそうだとは思えませんでした。「うん、やっぱり、そんなことしたくないと思う」

だったら、それ以外に何ができる？　どこかに隠れてしまって、人々のいろいろな行動を目撃することから自分を守って、この美しい世界の中で自分を牢獄《ろうごく》に閉じ込めてしまうのかい？

確かに、そんな生き方はサラは本当にいやだと思いましたが、少し前までは自分がそんなふうに行動していたことを認めました。サラは気持ちの上で他の人々から離れて、自分だけの考えの世界にもぐりこみ、すべてのこととは言えないまでも、ほとんどのことを外に押しやっていたのです。あの頃は楽しくなかった、とサラは思い出しました。

サラ、君が何がなんでも《心の扉》を開けたままにしておくことができるようになった時、なんとも言えない喜びを経験するだろう。みんな別々の経験を選び、さまざまなことを信じている。そして別々のことを望み、別々の行動をしている。君はただこの事実を認めて、そのことすべてが「全体」をもっと完璧なものにしているのであって、どんなことも君を脅かすことなどない、ということを理解すればいいんだ。君を脅かさない理由は、単に「君自身で自分の《心の扉》を開くか、閉じるかということだけが、君の現実を左右しているから」なんだ。それを理解できた時、君の行動は、自由で喜びに満ちたものとなるんだ。

「でもソロモン、ジェイソンとビリーはあなたを脅かす以上のことをしたのよ。あなたを撃ったのよ。あなたを殺したのよ！」

サラ、君はまだそのことにこだわっているんだね。僕が死んでいないってことがわからないのかい？　サラ、僕は今でも確かに生きているんだ。あのくたびれたふくろうの老体の中に、僕がずっと永遠に住むことを望んでいたとでも思ったのかい？

サラはソロモンが自分をからかっていることはわかっていました。ソロモンはくたびれているようにも見えなかったし、年を取ってもいなかったからです。

大いなる喜びを持って、僕はあのふくろうの肉体を離れたんだ。いつでもそれを望む時には、僕のエネルギーをもっと若くて強くて機敏な別の体の中に流し込んで生まれ変われることを知っていたからね。

「じゃあ、ソロモンはあの二人に撃ち殺してもらいたかったたっていう意味なの？」

あれは共同の創造だったんだ、サラ。だから僕はあの二人に僕が見えるようにしたんだ。彼らがこの重要な経験を一緒に創造できるように。僕のためだけじゃなくて、君のためにもだ、サラ。

ソロモンが撃たれてから起こったすべてのことにすっかり圧倒されていたサラは、どうやってジェイソンとビリーがソロモンを見ることができたのかについてまで考えてみなかったのです。

理解すべき重要なことは、まず第一に「物理的な存在としての君の目からどんなふうに見えたとしても、すべては本当にうまくいっている」ということだ。そして第二には、「君の《心の扉》が開いている時はいつでも、良いことだけが君のもとにやってくる」ということだ。

サラ、僕がやっているのと同じように、ジェイソンとビリーをありがたく思って、味わい愛でてごらん。ずっと気分がよくなるよ。

そんなことできるはずない、とサラは思いました。そして自分の否定的な反応に気がついて笑ってしまいました。「考えてみるわ、ソロモンのためにね。でも、これはこれまでわたしが考えたどんなこととともすごく違っている。今まではいつも、悪いことをした人は罰せられなければいけないって教えられてきたんだもん」

その考え方の問題点は、「何が悪いことなのかを誰が決めるのか」ということを、君たちみんなで決めるのはむずかしいってことなんだ。君たちのほとんどが、「自分が正しくて、他人は間違っている」と信じている。物質界の存在たちは、ずっとそのことで論争しながら、お互いを殺し合ってきたんだ。そして、何千年もの間、君たちの地球上で戦争や殺人を起こしてきた後の今でも、まだそのことに関しての合意は得られていない。君たちみんなが、ただ自分自身の《心の扉》に注意を向けているほうが、すべてがずっとうまくいくようになるんだ。人生はずっと良いものとなるんだ。今すぐに。

「みんなが自分の《心の扉》について学ぶことができるの？　一人残らずすべての人がそれを学ぶことができるの？」サラは、そんなことを達成するのは途方もないことのように思えて、圧倒されたように感じました。

それは君が心配しなくてもいいことなんだ、サラ。君にとって大切なことはただ一つ、君自身がそれを学ぶということだけだ。

そういうことなら、それほど途方もないことではないかもしれません。「わかった、ソロモン、これからしばらく練習してみる」

おやすみ、サラ。今晩の会話はすごく楽しかったよ。

「わたしも楽しかった、ソロモン。おやすみなさい」

＊素晴らしい流れ

よく聞き取れないいやがらせの言葉を叫びながら、ジェイソンとビリーが自転車に乗ってサラの横を通り過ぎて行きました。その二人を見て、サラは微笑みました。そして、あの二人が最悪のいたずらっ子でなかったら自分はがっかりするだろうということに気がついて、少し驚きました。何らかの不思議な仕組みによっていつもこの三人は一緒にゲームをしていて、その中で三人全員が共同でこの現実を創り上げているかのように思えたのです。そのゲームというのは、「ジェイソンはサラの意地悪な弟で、ビリーはジェイソンの意地悪ないたずらっ子の友達で、二人の課題は、ありとあらゆる方法でサラの生活を惨めなものにすること。そしてサラの役目は、惨めになって二人に反応すること」のように思えました。

なんだか変だな、とサラは考えました。わたしはあの二人を面白く思ったりしていいはずないのに。一体ぜんたい何が起こっているんだろう？

家に向かって歩き続けていたサラは、これまでの習慣でソロモンの雑木林へ行くために角を曲がりそうになりました。そこはもうソロモンとおしゃべりする場所ではないことをついうっかり忘れていたのです。雑木林のことを思うと、ソロモンが撃ち殺されたことと、ソロモンを撃った二人のいたずらっ子に対するソロモンの態度を思い出しました。するとその時、サラはとても大切なことにはっきりと気がつきました。

ジェイソンとビリーはソロモンを撃ち殺したけれど、ソロモンはまだあの二人を愛している。ソロモンはあんな状況でも自分の《心の扉》を開いたままにしていることができるんだ。たぶん、わたしも《心の扉》を開いたままにしておくことができるようになってきたんだ。ようやくわたしも自分の生活を十分に大切にするようになったから、きっと他の人たちがしていることや言っていることが気にならなくなったということなのかもしれない。

サラの体中に鳥肌が立ちました。体中が軽くなってむずむずするように感じました。そしてサラは、今自分が何かとても重要なことを理解できたのだとわかりました。

それでいいんだ、サラ。僕も心からそれに賛成するよ。サラにソロモンの声が聞こえました。

「ああ、ソロモン。どこにいるの？」一緒におしゃべりしながら見つめることのできる目に見えるソロモンを今でも懐かしく思いながら、サラは聞きました。

ここにいるよ、サラ。ソロモンは答えました。そう答えてから、すぐに重要な話に移りました。

サラ、君は今、人生の最も重要な秘訣《ひけつ》を言葉にして言ったんだよ。君は、無条件の愛とは実際に何なのかを理解しつつあるんだ。

「無条件の愛？」

そうだ、サラ、君は自分が「愛する者」であるということを理解しつつある。君は、非物質レベルの混じりけのない至福のエネルギーが物質レベルに延長された存在なんだ。つまり愛の延長なんだ。君が、周囲の状況にかかわらず、何が何でもその混じりけのない愛のエネルギーを流れるままにまかせることができるようになれば、無条件の愛を達成したことになるんだ。それができたなら、いや、それができてはじめて、君は真の意味で、非物質レベルの君の本質が物質界に延長された存在となり、本当の君がこの世に生まれて表現しようとした通りの自分になれるのだ。それができてはじめて、君の存在の目的を真に成就することになるんだ。サラ、上出来だよ。

サラは大得意でした。ソロモンの話の重要さをすっかり理解したわけではありませんでしたが、ソロモンの熱意のこもった話し方から、これはとても重要なことなのだとサラはわかりました。そしてソロモンがサラにとても満足していることは確実でした。

あのね、サラ、これは最初は君には少し奇妙に聞こえるだろうと思う。これはほとんどの人々にとって、全く新しい考え方なんだ。けれどもこれを理解するまで、人は決して本当に幸せにはなれないんだよ。少なくとも、ずっと幸せであり続けることはできない。そこに座って、しばらくよくお聞き。これがどういう仕組みになっているかを説明してあげよう。

サラは乾燥した日当たりのいい場所を見つけて、ソロモンの話を聞くためにストンと腰を下ろしました。サラはソロモンの声を聞くのが大好きでした。

常に君に向かって流れ続けている《混じりけのない至福のエネルギーの流れ》があるんだ。それを《生命の力》と呼ぶ人たちもいる。他にもいろいろな名前で呼ばれているけれど、とにかくまず、君たちの地球を創り出したのも、この《エネルギーの流れ》なのさ。そして、この美しい地球を存続させているのも、《エネルギーの流れ》なんだ。《エネルギーの流れ》のおかげで、地球は他の惑星との間に完璧な距離を保ちながら軌道に乗って公転している。この《エネルギーの流れ》が、微生物の完璧なバランスを保っている。《エネルギーの流れ》が、君たちの地球の水を完璧なバランスに保っている。この《流れ》が、君が眠っている時にも、君の心臓に鼓動を打たせているんだ。これは素晴らしい、強力な《万事良好》の流れなんだ。そしてこの流れが、毎日、毎晩、毎分、君たち一人ひとりの中に流れ込んでいるんだ。

「すごい」サラは、この素晴らしくて強力な流れを理解しようとしながら、ため息をつきました。

君たちの地球に住んでいる人間は、どの瞬間にも、君はこの素晴らしい流れを流れるままにまかせることも、それに抵抗することもできるんだ。それが君に流れ込むままにさせることもできるし、その流れを流れ込まないようにすることもできるんだ。

「その流れを欲しくないなんていう人がいるの？」

誰もがそれを欲しいと思うだろう、もしも彼らがそれを理解できたとしたならね。それに、誰も決して故意にそれに抵抗するということはないんだ。ただ、人々はお互いから学んでしまった習慣があって、それがこの《万事良好》の流れに対する抵抗を引き起こしているんだ。

「たとえばどんな習慣？」

《万事良好》の流れに人々が抵抗する主な理由は、《万事良好》の流れに抵抗している他人が創り出した証拠に目を向けているからなんだ。

サラは戸惑いました。このことはよく理解できませんでした。

つまりね、サラ、君が何かに君の注意を向ける時、ただそれを観察しているというだけで、それを観察している間中、君の波動がその波動と同じになるんだ。だから例えば、君が病気に目を向けているなら、病気に注意を払ったり、それについて話したり、考えたりしている間は、君の波動は病気の波動と同じになっているので、《万事良好》の流れを自分に流れ込ませないようにしていることになるんだ。《万事良好》の流れを流れ込ませるためには、《万事良好》の流れに注意を向けていなければだめなのさ。

サラはだんだんわかってきました。「ああ！　それ、ずっと前に話したことのある同じ羽毛の鳥たちの話と同じことね。そうでしょ？」

その通りだ、サラ。これは《共鳴引力》についての話なんだ。健康を引きよせたければ、君の波動が健康の波動と同じにならなければならない。もしも君が病気の人に注意を向けるならば、同時に健康を引きよせることはできないんだ。

ソロモンの言うことを聞きながら、サラは口を尖《とが》らせました。「でも、ソロモン、病気の人たちをわたしたちは助けなければならないでしょう？　病気の人たちに注意を向けることをしないで、どうやってその人たちを助けられるの？」

彼らを見ること自体はかまわないんだ、サラ。ただ、彼らを病気の人だと思って見ないようにすることだ。彼らを、健康を回復しつつある人として見るんだ。それよりもっといいのは、彼らを健康な人として見ること。あるいは、彼らが健康だった時のことを思い出すことだ。そうすれば、病気の人々を口実として、《万事良好》の流れが君の中に流れ込んでくるのを止めてしまうことがなくなるんだ。

人々にとってこれを理解することはやさしいことではない。なぜなら、人々は自分たちの周囲のすべての物事を観察するように教え込まれているからだ。何らかの物事を見ていていやな気持ちを感じる時、そのいやな感じというのは、「たった今、自分自身で《万事良好》の流れを流れ込ませないようにしてしまった」ということを警告する信号なんだ。このことを人々が理解できたなら、こんなにも多くの人々がいやな気持ちを感じるような物事ばかりを眺めようとはしないはずだ。

サラ、ここで今の間だけ、他のほとんどの人々がやっていることを理解しようとするのをやめてごらん。そしてよく聞くんだ。《万事良好》の流れという、常に着実に流れている不変の流れがあって、それはいつでも常に君に向かって流れているんだ。君がいい気持ちを感じている時、君は《万事良好》の流れを流れ込ませている。いやな気持ちを感じている時は、《万事良好》の流れを流れ込ませていないんだ。このことを理解して、君が最もやりたいと思うことは何だい？

「ええと、わたしはできるだけたくさんいい気持ちを感じたいと思う」

そうだ。さて、君がテレビを見ていて、いやな気持ちを感じさせる何かを見たとする。

「うん、たとえば、誰かが撃たれたとか、殺されたとか、事故で怪我したとかいうこと?」

そう、そういうことだ。それを見て、そしていやな気持ちを感じる時、何が起こっているのかわかるかい?

サラは明るく微笑みました。「ええ、ソロモン、わたしは《万事良好》の流れを押しのけているのね」

そうなんだ、サラ! 君がいやな気持ちを感じている時はいつでも、君は《万事良好》の流れを押しのけているんだ。「いやだ!」という時はいつでも、君は《万事良好》の流れを押しのけている、つまり抵抗しているんだ。

サラ、誰かが癌《がん》に対して「いやだ」と言う時、その人は実際には《万事良好》の流れを流れ込ませないようにしているんだ。誰かが殺人犯に対して「いやだ」という時も《万事良好》の流れを流れ込ませないようにしている。誰かが貧困に対して「いやだ」という時もそうだ。なぜなら、人が自分の望まない物事に注意を向けている時、その人の波動は自分の望まないものと同じ波動になっているからだ。それはつまり、その人は自分の望んでいるものを押しのけているということになる。だから、《万事良好》の流れにつながったままでいるための秘訣はこうだ。君の望まないことを素早く突き止めてから、その後はすぐに君が望むことに注意を向け直して、それに対して「これがいい! これを望む!」と思えばいいということ。これだけだ。

「それだけなの!? それだけやればいいってこと? 『いやだ!』って言う代わりに『いい!』って言うだけで、流れにつながったままでいられるの!?」ずいぶん簡単なことのように聞こえたので、サラには信じられないくらいでした。サラはうれしくなってきました。「ソロモン、それならすごく簡単そう! それなら、わたしにもできる! 誰だってできると思う!」

サラがやっとこのことを理解できて、興奮しているのを見て、ソロモンは喜びました。

そうだ、サラ、君にはできるさ。そして、君はここでそれを他の人々に教えることができるんだ。これから何日かの間、これを練習してみてごらん。君自身と君の周りの人々に注意を向けて、君たちのほとんどが、物事に対して「いい!」と言うよりもずっと頻繁に「いやだ!」と言うことにどんなに慣れきっているかを、確かめてごらん。しばらく観察してみると、本来は自然な《万事良好で幸せな状態》を押しのけるために人々がやっているありとあらゆることを、君も理解できるようになるよ。この練習を楽しんでごらん、サラ。

✻ いやなことを手放す

次の日は一日中、サラは前の日のソロモンとの話を何回も思い出しました。ソロモンが重要だと考えていることがだんだん理解できるようになってきて、サラはすっかりウキウキしていました。けれども、時間が経つにつれて、ソロモンが教えてくれようとしたことをちゃんと理解したのかどうか、ぜんぜん自信が持てなくなってきました。それでも、人々が「いい」と言うよりも「いやだ」と言う場合がどれだけたくさんあるのかを調べるために人々を観察しなさい、というソロモンの言葉だけはちゃんと覚えていました。

「サラ、今日は学校から遅く帰ってきてはだめよ」とお母さんが言いました。「晩御飯にお客様をお呼びしてるんですからね。サラにも手伝ってもらいますよ。お客様を散らかった家にお迎えしたくはないでしょう？」

「わかった」とサラは気乗りのしない気分で、ため息をつきました。お客様というのはサラの好きなものではありませんでした。好きなものからは程遠いものでした。

「わかったわね、サラ、本当よ。遅くなってはだめよ！」

それを聞いてサラは突然、玄関口で立ち止まりました。こんなに朝早くから、ソロモンが言っていたことの証拠が見つかったことに驚き、それと同時にうれしくなったのです。サラはソロモンの言葉を思い出せる限り、おさらいしていました。その時、遠くの方を見つめていたので、サラの動きはゆっくりで、開けっぱなしのドアから冷たい空気が居間に入ってきたことに気がつきませんでした。

「サラ！　そんなところに立っていてはだめじゃないの！　冷たい空気が入ってきてしまうでしょう。いったい何をしているの、サラ、早く出かけなさい。学校に遅刻しますよ」

すご〜い！　とサラは考え込みました。それは驚くべきことでした。たった二分くらいの間に、お母さんは望んでいないことを五回も言ったのです。サラの覚えている限りでは、望んでいることは一言も言いませんでした。そして驚いたことには、お母さんは自分がそんなことを言っていることに、気がついてもいなかったのです。

サラが正面玄関の前の階段をトントンと跳んで降りていくと、お父さんはちょうど正面の歩道の雪かきを終えたところでした。

「サラ、気をつけるんだよ。道路はすべりやすくなっているからね。転ばないようにするんだよ」

サラはニヤリと笑いました。すっご〜い！　とサラは思いました。びっくりしちゃうくらい！

「サラ、聞こえたかい？　気をつけないと、転んでしまうって言ったんだよ」

お父さんが実際に何かについて「いやだ」と言ったわけではありませんでしたが、お父さんは確かに自分の望んでいないことについて話していました。

サラの心は踊りました。自分が望んでいることについて言葉にしたいと思いました。「お父さん、わたし、大丈夫よ。わたしは、絶対、転ばないから」と言ってしまってから、しまったと思いました。この言い方じゃ、「いい」と言っていることにならない。

お父さんに対して自分が示せる最高のお手本になりたいと思いながら、サラは立ち止まり、お父さんに真っすぐ向かってこう言いました。「お父さん、わたしたちのために道路から雪をどけてくれてありがとう。これでわたし、転ばないですむ」

自分の言葉を聞いて、サラは笑い出してしまいました。意識的に「いい！」と言おうとしている時でさえ、サラはまだ「転びたくない」というような事について話してしまったのです。まったく、これは簡単なことじゃなさそうだな、とサラは思いました。そう思ってから、また笑ってしまいました。自分で言ったことに驚いて、声を出してこう言いました。

「『簡単なことじゃなさそう？』まったく、ソロモンの言ってたことの意味がよくわかるわ」

家のガレージの前から二〇〇メートルも歩いていかないうちに、家の正面のドアがバタンと閉まる音がサラに聞こえました。振り返ると、ジェイソンが猛スピードで走ってくるのが見えました。片手にカバンをさげ、片手で帽子を押さえ、見る見るうちにサラに追いついてきます。ジェイソンの急速な接近と、その目のギラっとした光り方から、サラにはジェイソンが後ろから自分を突き飛ばそうとしているのがわかりました。ジェイソンはこれまでにも何回もそうしたことがあったのです。バランスをくずさせて、サラを怒らせるためです。だから、またそうなるのだろうと思って、サラは叫びました。「ジェイソン、やめてよ……ジェイソン、だめよ、いやな子ねえ、ジェイソンったら。そんなことしないでぇ～！」サラは力の限りを込めて叫びました。

あっと、いけない、とサラは考えました。わたしったら、またやってる。「いやだ」ということが出てきてほしくないと思っている時でも、それがわたしの中からずっと続けて出てくるみたい。『それが出てきてほしくない？』ああ、また言っちゃった。サラはほとんど混乱しそうな気分になりました。自分で自分の言葉をコントロールできないように思えました。

ジェイソンはサラの横をかすって通り過ぎて、走り続けて行きました。ジェイソンが曲がり角の先まで着いてから、サラはリラックスして静かにひとりで歩いて、この一〇分の間に観察した驚くべき出来事について思いを巡らせました。後でソロモンと一緒に考えてみることができるように、これまでに聞いた「いやだ」ということのリストを作ってみることにしました。カバンからメモ帳を取り出して、サラは次のように書きました。

遅く帰ってきてはだめ。
散らかった家はいやだ。
冷たい空気を家に入れてはだめ。
遅刻してはだめ。
転んではだめ。
簡単なことではなさそう。
ジェイソン、そんなことしないで。

学校では、サラと同じクラスの二人の男子生徒に向かってジョーゲンセン先生が叫んでいるのが、サラに聞こえました。**「廊下を走ってはいかんよ、君たち!」**サラはメモ帳にそれを書き込みました。サラがロッカーに寄りかかっていると、別のクラスの先生が通りかかって、こう言いました。**「急がないと遅刻しますよ」**それも書き込みました。

自分の席に座って、今日もまた始まる学校での長い一日のために心の準備をしていると、教室の正面に掲げられた掲示版が目にとまって、サラはびっくりしました。この掲示版は一年中ずっとそこにあったのですが、それまで意識したことはありませんでした。少なくとも、今のサラが気づいたように、気づいたことはなかったのです。その内容は、ほとんど自分の目を疑うほどでした。メモ帳を取り出して、掲示版に書いてある項目を読みながら、それを書き取りました。

授業中に無駄話をしないこと。
ガムを噛まないこと。
教室に食べ物や飲み物を持ち込まないこと。
おもちゃを教室に持ち込まないこと。
雪の日にブーツを履いたまま教室に入らないこと。
授業中、窓の外を見ないこと。
宿題を遅れずに出すこと。
教室に犬や猫などのペットを連れてこないこと。
遅刻しないこと。

サラはあっけにとられました。ソロモンの言った通りだ。わたしたちのほとんどが、《万事良好で幸せな状態》を押しのけてるんだ。

サラはその日一日のうちに、できる限りたくさんのことを聞いたり観察したりしたくてたまりませんでした。お昼休みには他の生徒たちから離れてひとりで座って、後ろのテーブルで話をしている二人の先生たちの会話に聞き耳を立てました。先生たちの姿はサラには見えませんでしたが、会話だけは、はっきりと聞こえました。

「いやあ、わかりませんねえ」と、先生の一人が言いました。「先生は、どう思われますか?」

「そうですねえ、私だったら、やらないと思いますよ」

すごい! サラは思いました。先生たちが何について話しているのかはサラには見当もつきませんでしたが、一つだけはっきりとわかったことがありました。何についてであろうと、アドバイスは「だめ」ということだったのです。

サラはリストに追加しました。

「わからない」

「私だったら、やらないと思う」

学校での一日がまだ半分も終わらないうちに、ソロモンと一緒に検討できる「いや／だめ」のリストが、もう二ページにもなっていました。

午後も午前中と同じくらいの収穫があり、サラはリストにどんどん書き加えていきました。

「それを投げてはいけない！」

「やめなさい！」

「だめだと言ったでしょう！」

「僕の声が聞こえないの?!」

「私の言っていることが、まだわからないの？」

「押さないで！」

「もう二度と教えてあげない！」

その日の終わりまでには、サラはへとへとにくたびれてしまいました。世界中が《万事良好で幸せな状態》を押しのけているかのように見えました。

「ソロモン、あなたの言うことはいつだって正しいのね。ほとんどの人は、『いい』と言う代わりに、『いいえ／いや／だめ』と言ってる。わたしだってそうなのよ。わたしは何をすべきかわかってるのに、それでも、わたしにもそれができないの」

「わたしにもそれができない」それもリストに加えました。

何という一日だったでしょう。

ずいぶん立派なリストができあがったようだね、サラ。今日は、ずいぶん忙しい日だったね。

「ああ、ソロモン、これだけじゃないのよ。これは、わたしが今日聞いたことのうちのほんの一部分なの。みんな、たいていの場合、『いやだ』と言っているのよ、ソロモン。その上、自分でそうしているってことさえ、気づいていないのよ！　わたしも含めてだけど。これはむずかしいわ」

そうだね、サラ、何に注意を向けていればいいのかがわかっていて、自分の目標が何かということに気がついた後でなら、これは実際にはそれほどむずかしいことではないんだ。君のリストからどれか読んでごらん。今、僕が言ったことがどういう意味か、教えてあげよう。

「遅く帰ってきてはだめ」

時間を守ろう。

「お客様に散らかった家を訪問してほしくない」

私たちの家がお客様にとって心地良い場所であってほしい。

「冷たい空気を家に入れてはだめ」

私たちの家を暖かくて居心地よくしておこう。

「学校に遅刻してはだめ」

始業時間に間に合うことは最高の気分だ。

「転んではだめ」

注意を払って、バランスを保っていよう。

「簡単なことではなさそう」

ちゃんと自分でできるようにする。

「廊下を走ってはだめ」

廊下では他の生徒にも気を配ること。

「授業中に無駄話をしないこと」

討論し、共に学ぼう。

「授業中、窓の外を見ないこと」

完全に授業に注意を向けることは、大いに君のためになる。

「宿題を出すのに遅れないこと」

みんな同じ時に宿題を提出し、共に学習しよう。

「教室に犬や猫などのペットを連れてこないこと」

ペットたちは家に残っているほうがずっとうれしい。


「すごい、ソロモンって、とっても上手ね」

サラだってうまくなれるんだよ。練習すればいいだけさ。それにね、サラ、君がどんな言葉を使うかっていうことは、それほど重要なことではないんだ。遠くへ押しのけようとする感じそのものが有害なんだ。君のお母さんが『ドアを開けたままにしておいてはだめ』と言った時、確かに自分が望んでいないものを押しのけようとしていた。けれども、お母さんが『ドアを閉めて！』と言ったとしても、まだ自分が望んでいないものを意識していることになるんだ。だから、その場合でもお母さんの波動は押しのけようとする波動だということになる。

自分の望まないものを押しのけようとするのではなく、自分の望むものの中へゆったりと入っていくということを理解してほしいんだ。

もちろん、君の使う言葉は君がどちらの方向を向いているかを示すものではあるけれど、君が感じていることこそが、君が《流れ》が流れるままにさせているか、押しのけているかを示す、もっとはっきりしたしるしとなるんだ。

これを楽しんでみることだ、サラ。「いや／だめ」と言ってはいけないと思って、「いや／だめ」ということ自体を押しのけようとしている場合だって、君はまだ「押しのけること」をやっているんだ。重要なことは、君が望んでいることについて、もっともっとたくさん話すということだ。そうしているうちに、物事はどんどん良くなっていくんだ。君にもそのうちわかるよ。

✻ どこにでもある幸せ

夏休み前の最後の授業の日が終わって、サラはいろいろな感情が不思議に入り混じった気持ちで、家に向かって歩いていました。これまではいつも、この日が一年中で一番うれしい日でした。それは夏の間中、いやなクラスメートたちと一緒にいることを強いられることなく、ほとんどひとりで過ごせるからでした。けれども今年は、この日がいつもと違うように感じられました。この短い一年の間に、サラはずいぶん変わってしまいました。

すばらしい初夏の空気を吸い込みながら快活に歩きました。最初は前を向いて歩いて、その後しばらく後ろ向きに歩きました。自分の周りにあるすべての物や人を見たくてたまらなかったからです。空はこれまで見たことがないほど美しく見えました。これまでよりずっと鮮やかで深い青でした。そしてふわふわした白い雲が、くっきりとしたコントラストを描いていて、ドキッとするほどきれいでした。気持ちよく澄みきった鳥のさえずりが聞こえました。鳥たちの姿は近くには見えませんでしたが、それでもちゃんと、サラの耳には届きました。肌に触れる素晴らしい空気の感触は、本当にいい気持ちがしました。サラはうっとりして歩いていました。

ほら、わかっただろうサラ、《幸せ》は本当にそこらじゅうにあるんだってことが。

「ああ、ソロモンね！」

《幸せ》はどこにでもある。ソロモンのはっきりとした言葉がサラの頭の中で続きました。

「そう、どこにでもあるのね、ソロモン。それが見えるし、感じられる！」

実はね、それが流れ込むのを止めさえしなければ、それはどこにでもあるんだ。いつも変わることのない着実な《幸せ》の流れが、常に君に向かって流れているんだよ。そして、どの瞬間でも、君はその《流れ》が流れるままにまかせているか、それを押しのけているかのどちらかなんだ。そして、そのいつも変わることのない着実な《幸せ》の流れを流れさせたり、押しのけたりできるのは、君だけなんだ。

君が他の人たちから学んでしまったいろいろな抵抗のパターンを減らしたり、取り除いたりするためのプロセスが一番重要なんだ。これまでずっと一緒に話をしてきて、僕はこれを君に一番学んでほしいと思っていた。なぜなら、物質界の生活で身につけてしまった抵抗さえなければ、《幸せ》はごく自然に君に向かって流れ込んでくるものだから。君たちのすべてに向かって、だ。そして、この《幸せ》は、君にとって自然なもので、まさに

君が受けるに値するものなんだ。

サラは、それまでのソロモンとの素晴らしい会話を全部思い出そうとしました。それはなんて素敵な話し合いだったことでしょう！　そしてどの会話の中でもソロモンは、《幸せ》を押しのけようとする抵抗を減らすのを助けてくれていた、ということにサラは気がつきました。

サラはこれまで毎日毎日教えてもらったゲームのようなテクニックを振り返ってみました。今ではソロモンの教えてくれたことがよくわかるようになっていました。そして、ソロモンが最初からずっと、抵抗を減らすためのプロセスをサラに教えてくれていたことを知りました。

サラは、少しずつ自分の抵抗を手放すことを学んできたのです。

サラ、君も先生なんだよ。

サラは目を見張りました。一番大好きな先生のソロモンが、サラもソロモンと同じように先生なのだと言ったのに驚いて、息もできないような気持ちになりました。味わい愛でる気持ちの暖かい感覚が、体の中と周りじゅうに押し寄せてきました。

そしてサラ、「すべてはうまくいっている」と君自身がはっきりと模範を示すことで、多くの人々が「本当に　押しのけるべきものなど何もない」ということが理解できるよう

になるだろう。「実は、いやなものを押しのけようとすること自体が、《幸せ》が流れ込まないようになる原因なのだ」ということを。

サラはソロモンの言葉に特別な激しさがあるのを感じました。その言葉が胸にじーんときて、何も言えなくなりました。

家のガレージの前のじゃり道を歩いて前庭に入っていったサラは、飛び上がりたいほど素晴らしい気分でした。玄関の前の階段を飛び跳ねるように上って家の中に入り、中に誰がいるかにおかまいなく、「ただいま～！」と叫びました。

✻ 生命のダンス

サラはまたソロモンと話をするのが待ちどうしくて、夜は早めに寝ることにしました。さっきのソロモンとの会話の終わりに感じたあの素晴らしい気分をもう一度感じようとしながら、目を閉じて、深呼吸をしました。「すべては本当にうまくいっている」と声に出して言いました。それは、確かな確信に満ちた、落ち着いた澄んだ声でした。そして目を開けると、サラはびっくりしてしまいました。

何週間も見ていなかったソロモンが、ベッドのすぐ上に浮かんでいたのです。ソロモンの翼はぜんぜん動いていませんでした。まるで、サラの頭のすぐ上の空中に、何の努力もせずに吊り下がっているかのようでした。「ソロモン！」とサラは喜んで叫びました。「また会えて、すぅ〜〜っごく、うれしい！」

ソロモンは微笑みながら頷きました。

「ソロモン、あなた、とてもきれいね！」

ソロモンの羽毛は、雪のように白くて、羽毛の一枚一枚が小さなスポットライトのように輝いていたのです。ソロモンは前よりもずっと大きく、ずっと明るく輝いているように見えましたが、それでも確かにサラの知っているソロモンに間違いありませんでした。目を見つめると、直感的にソロモンだとわかりました。

サラ、僕と一緒においでよ。空を飛ぼう！　君に見せたいものがたくさんあるんだ！

　サラが「うん」と答える間もなく、前にソロモンと一緒に空を飛んだ時と同じように、信じられないようなヒュ～っという感覚を感じたかと思うと、もう空に浮かんでいました。でも今度は前

の時と違って、サラの住む小さな町のずっと上の方を飛んでいました。ずいぶん高いところを飛んでいたので、サラには何も見分けがつかないほどでした。

　サラの五感は急激に鋭くなりました。見るものすべてが、信じられないくらい美しく見えました。いろいろな色は、これまで見たことのないくらいにはっきりとしていて、きれいでした。空気はうっとりするようないい匂いがしました。サラはこんなにかぐわしい香りを嗅いだことはこれまでありませんでした。鳥のさえずりや川の流れや風がビュー

ビュー吹く音など、いろいろ美しい音色が聞こえました。風鈴の音や幸せな子供たちの声がサラの周りに漂っていました。空気が肌に触れる感触は、優しく傷を癒してくれるように心地よく、それと同時に興奮を誘《いざな》うようでもありました。すべてのものの様子や匂いや音や感触が、たまらなく素敵でした。

「ソロモン、とってもきれいね！」とサラは言いました。

サラ、君たちの地球の完璧な《幸せ》を君に知ってほしいんだ。

どんなことをソロモンが計画してくれているのかサラには想像もつきませんでしたが、ソロモンが望むところならどこへでも喜んで行く用意ができていました。「わたし、準備完了よ！」サラは叫びました。

あっと言う間に、サラとソロモンは地球からどんどん遠く離れていって、月を通り越し、いくつもの惑星を通り越し、無数の星さえをも通り越してしまいました。一瞬のうちに、何光年もの距離を飛び越えてしまったようでした。そこからずっと遠くの方に、サラの住む美しい地球がキラキラ光りながら回転しているのが見えました。地球は、月や惑星や星や太陽との間に保たれた完璧なリズムの中で動いていました。

地球を眺めていると、完全な《幸せ》の気持ちがサラの小さな体を満たしました。地球が着実に確実に自転している様子を、サラは一種の誇りを持って見つめました。それはまるで、地球が他の惑星というパートナーたちと一緒にダンスを踊っているかのようでした。踊っているパートナーたち全部が、この壮大なダンスの中で自分の役割を正確に心得ているかのようでした。

サラは感嘆して息をのみました。

これを見てごらん、サラ。すべてはうまくいっていることを知ってほしいんだ。

サラは微笑みました。そして、《味わい愛でる気持ち》の暖かい風がサラを包み込むのを感じました。

そもそも君たちの地球を最初に創り出したエネルギーと同じものが、今でも、地球を維持するために君たちの惑星に流れ込んでいるんだ。決して途切れることのない《混じりけのない至福のエネルギー》が、いつでも、君たちみんなに向かって流れているんだよ。

サラは地球を眺めながら、それが本当だとよくわかりました。

今度はもっと近くで見てみよう、とソロモンが言いました。

すると今度は、他の惑星はどれも見えなくなって、キラキラと輝いている地球の全貌《ぜんぼう》だけが目の前に見えました。陸地と海の間の際立った境界線がくっきりと見えました。海岸線は、巨大なマーカーペンで目立たせてあるかのように見えました。海の水は、まるで水の中に何百万もの電灯が灯っているかのように微光を放っていました。上空のサラの視点からよく見えるように、海を光らせてくれているかのようでした。

君たちの惑星を何百万年もの間育んできた水は、今、君たちの惑星を育んでいる水と同じものだってことを知っていたかい、サラ？　それが、巨大なスケールでの《万事良好》というものだ。

考えてごらん、サラ。君たちの惑星には、何か新しいものが外から運ばれてくることはない。計り知れないほどの量の資源が存在し、何世代をも通して、再発見され続けてきているんだ。壮大な生命の可能性はいつも不変なんだ。そして物理的存在である人間たちは、この完璧な状態を大小さまざまな規模やレベルで発見している。

もっと近くで見てみよう。

ソロモンとサラは海の上へと急降下し、サラは素晴らしい海の空気の匂いを嗅ぐことができ、すべてはうまくいっていることを実感しました。ソロモンとサラは風よりも速く、雄大なグランド・キャニオンの上を飛びました。地球の地殻《ちかく》の中にできた巨大で長々としたぎざぎざの割れ目です。

「あれ、なあに!?」サラはびっくりして息をのみました。

あれは、君たちの地球が常にバランスを保つ能力があることの証拠だ。君たちの地球は、常にバランスを求めているんだ。あれは、その証拠なんだ。

今度は、飛行機が飛ぶ高さと同じくらいのところを飛びながら、サラは下方に広がる信じられないような景色を楽しみました。こんなにたくさんの緑、こんなにたくさんの美しさ、こんなにたくさんの《万事良好で幸せな状態》があるのです。

「あれは何？」地上から突き出して、灰色と黒の煙の大きな雲を吐き出している小さな円錐《えんすい》形のものを指差して聞きました。

あれは火山だよ、とソロモンは答えました。**もっと近くで見てみよう。**

サラが反対する暇もなく、二人は地球に近づいて、煙と塵《ちり》の中をまっすぐに下降して行きました。

「すごい！」とサラは叫びました。煙が濃くたちこめて目の前は何も見えないくらいだったのに、それでもまだ確かな《万事良好》の気持ちを感じていることに、サラは驚きました。そして二人は上の方に飛んで、また煙の外へ出ました。サラは下を見下ろして、煙を吐き出している驚くべき火山を眺めました。

あれは、《万事良好》のもう一つの証拠なんだよ、サラ。地球がそれ自体を完璧なバランスに保つことができているということの、もう一つのしるしなんだ。

そして二人はまた、どんどん、どんどん上に向かって飛び、もう一つの驚くべき光景を見つけたのです。それは火事です。とても大きな山火事でした。何キロメートルも続いているように見える赤と黄色の炎《ほのお》が、時々大きな煙の雲に隠れるのが見えました。風が激しく吹いていて、時々煙が消えて炎がとてもよく見えるかと思うと、急に煙が濃くなって、しばらくの間まったく炎が見えなくなってしまうのでした。時々、サラは火事から逃れて全速力で走っている動物を垣間見《かいま》て、この火事が美しい森林とたくさんの動物たちの住処《すみか》を破壊していることがとても悲しくなりました。

「ああ、ソロモン、これはとてもひどいことだわ」サラは、自分が目撃している状況に反応して、小声で言いました。

これは、《万事が良好であること》の証拠がここにも在ることを示しているにすぎないんだ。地球がバランスを求めていることの証拠がここにも在ることを示しているにすぎないんだ。もっとここで長く見ていたら、この火事が土壌に必要な栄養をもたらすことになることがわかるだろう。新しい種が芽を出し、生い茂って行くのがわかるだろう。そして、いつか君も、この火事にも驚くべき価値があることがわかるだろう。この火事が君たちの惑星の全般的なバランスの一部なのだということが。

「わたしは、住むところがなくなってしまう動物たちのことをかわいそうに思っているだけなんだと思う」

動物たちのことはかわいそうだと思わなくていいんだよ、サラ。動物たちは新しい住処

に導かれていくのだから。動物たちは何の不足も感じてはいない。動物たちは混じりけのない至福のエネルギーの延長なんだ。

「でも、死んでしまう動物もいるわ、ソロモン」とサラは反論しました。

ソロモンはただ微笑みました。そしてサラも微笑みました。

『死』なんてものは存在しないってことを受け入れるのは、まだむずかしいみたいだね。でもここでは、すべてがとてもうまくいっているんだよ、サラ。もっと探検してみよう。

サラは自分を包み込んでいる《万事良好》の感じが大好きでした。サラはそれまで、海はサメがいたり船が難破したりする危険なものだといつも思っていました。テレビで見る煙を吐《は》く火山は怖いと思っていました。ニュースはいつも、山火事や災害のことでいっぱいでした。でも今のサラは、それまで自分はこういったすべてのことを一生懸命押しのけようとしていたのだと気がつきました。

この新しい見方で見ると、ずっといい気持ちでした。ソロモンが教えてくれた新しい見方で見ると、それまではいつもひどい事だとか悲惨な事だと思い込んでいた物事が、全く新しい意味を持つようになったのです。

サラとソロモンは一晩中飛行を続けました。いろいろなものの上空に止まって、サラの住む惑星の驚くべき《万事良好で幸せな状態》を観察しました。子牛が生まれるのを見たり、ひよこが殻《から》を破って出てくるのを見たりしました。何千人もの人々が車を運転しているのも見ました。そんなにたくさんの車の中でも、衝突したりする車はほんの少ししかないことがわかりました。何千もの渡り鳥が暖かい気候の土地へと移動していく様子や、冬に備えて農家の動物の毛が伸びていく様子を見ました。刈り入れの菜園と、種蒔きの菜園を見ました。新しい湖や新しい砂漠ができていくのを見ました。人間や動物が生まれるのを見ました。人間や動物が死ぬのも見ました。そしてこれらすべてのことの一つひとつの隅から隅まで、すべては本当にうまくいっているのだ、とサラは心からわかったのです。

「ソロモン、このことについて、いったいどうやって、みんなに説明したらいいの？　どうやったらみんなにわかってもらえるの？」

サラ、人に理解させることは君の役目ではないんだ。君自身が理解しているだけで十分みんなのためになるんだよ、優しいサラ。

サラが安心して大きなため息をつくと、次の瞬間にお母さんがサラを揺り起こそうとしているのを感じました。「サラ、起きなさい！　たくさんやることがあるのよ」目を開けると、サラの上にかがみ込んでいるお母さんが見えました。意識がはっきりしてくると、サラは毛布で頭を覆って、一日中ここに隠れていたいと思いました。

でもその時、ソロモンの声が聞こえました。**本当にすべてはうまくいっているんだよ、**

サラ。僕たちの飛行の旅を思い出すんだ。

サラは頭を覆っていた毛布を跳《は》ねのけて、お母さんに向かってとびきりの笑顔で微笑みかけました。

「ありがと、お母さん！　わたし、風のように素早いんだから。だいじょうぶよ。ちょっと待っててくれれば、すぐ用意ができちゃうから」

サラがベッドから跳ね起きて、手際よくてきぱきと動き、そして明らかに喜びにあふれている様子を見て、お母さんはあぜんとして立っていました。

サラはカーテンをさっと引いてから、窓を開け、にっこりとして両手を外に出しました。「ああ、すごくいいお天気！」とサラは叫びました。ずいぶん元気のいい声だったので、お母さんは首をかしげながら、戸惑って立っていました。

「サラ、だいじょうぶなの？」

「うん、最高よ！」サラはきっぱりと言いました。「本当にすべてはうまくいっているの！」

「まあ、サラがそう言うなら、そうなんでしょう」お母さんは、ためらいがちに言いました。

「うん、そう言う」とサラは言ってから、バスルームに駆け込んで、にっこりと微笑みました。

「わたし、絶対にそう言うわ！」

＊読者のみなさんへ

「人々は教えられるよりも、楽しませてもらいたいのだ」と述べたのは確か、著名な出版業者ウィリアム・ランドルフ・ハーストだったと思う。だとすれば、「楽しませる形で教える」というのが、情報を伝えるには最も効果的な形態ということになるだろう。個人にとって重大な価値のある情報の場合も例外ではない。

『サラとソロモン』は、楽しませると同時に教える本である。エスターが受け取ってワープロで書きとめる高次元のメッセージは、読者の求めに応じて流れて行く。愉快な鳥の姿の先生がサラに優しく教えてくれる、完全無欠な叡智と無条件の愛の流れは、サラの家族、同級生、隣人、先生を取り巻く学びの経験の流れと混ざり合い、自然な幸せの状態について新たに気づかせてくれる。それは、「すべてはうまくいっている」という理解である。

この本を読みながら、自分とは誰か、なぜここにいるのかを考えてみてほしい。そしてゆっくり一読した後は、あなたにとって大切なすべてのことに向かって、あなたがどれだけ迅速に進歩することができたかを確かめてほしい。

このシンプルだが示唆に富む短い物語から得られる明確な観点によって、喜びあふれる満ち足りた新次元を必ず経験できることだろう。

エスター&ジェリー・ヒックス

＊訳者あとがき

本書はアブラハムと名乗る高次元の存在がエスター・ヒックスというアメリカ人女性を通して書いた物語です。

エスターとジェリー・ヒックス夫妻は、一九八〇年代半ば以来アブラハムのメッセージを伝えてきました。毎週末、アメリカのどこかの都市で、アブラハム・ワークショップが開かれています。ちょうどこの物語でサラが雑木林に出かけて行ってソロモンとお喋りをして、悩みを聞いてもらい、幸せの秘訣を学んでいくのと同じように、ワークショップ参加者たちは自分の人生の問題やその他の疑問についてアブラハムに質問し、答えとして深い叡智のメッセージを受け取っています。また、英語圏の著名な著述家の中でアブラハムの思想から影響を受けている人々も少なくありません。現在、既に二十年近くのワークショップの録音を通して、アブラハムのメッセージを聴くことができますが（http://www.abraham-hicks.com 参照）、『サラとソロモン』には、その基本となる最も大切な原則が、簡潔にわかりやすくまとめられているため、アブラハム入門書としては最適です。

アブラハムからメッセージを受け取り始める以前のヒックス夫妻は、スピリチュアルな活動は何もしていませんでした。エスターは瞑想さえも「薄気味悪い」と思っていたほど、スピリチュアルなものには関心がない普通の女性でした。芸能界や実業界でさまざまな職業を遍歴した経歴のある探究心旺盛な夫のジェリーが『セスは語る』(ナチュラルスピリット刊)をはじめとする『セス・マテリアル』(邦訳未刊、現在のチャネリング・ブームの先駆けとなった、ジェーン・ロバーツによるセスのチャネリング文書)を読み始めると、エスターは最初は抵抗があったものの、その中の「私たちは自分で自分の現実を創り出している」という考え方に興味を抱きました。そして、『セス・マテリアル』を読み進むうちに、「それでは、どうすれば本当に自分の現実を自分で創り出せるのか。もっと具体的な方法が知りたい」という疑問がわき、ヒックス夫妻はその答えを求める気持ちを強めていった結果、アブラハムがエスターを通して答えてくれるようになったそうです。

そのような経緯があるため、アブラハムが教えている内容は主として「現実創造のテクニック」だと思われることもありますが、それだけでアブラハムを説明しつくすことは到底できません。もちろん、願望実現テクニックとしての効果は抜群で、アブラハムのメッセージの表層だけをなぞって目標達成のツールとして使うこともできるので、ビジネスや成功哲学に関心がある人々にも受けがよく、また、アブラハムは「すべては波動である」という説明のしかたをするため、量子力学的世界観とも容易につながり、「科学的」でありたい人々にも比較的近づきやすい考え方だと見なされる傾向もあります。

けれども、もっとよく見てみると、アブラハムのメッセージにはとても深いスピリチュアルな奥行きがあります。

本書で紹介されている「人生がうまくいくための鍵は、自分と《至福のエネルギーの流れ》とのつながりだけである」という一見単純な考えは、実はよく考えてみると非常にラディカルです。なぜなら、私たちはこの物質界に「望む通りの状態」という「形」が存在しないと幸せになれないと思っているのに、実はそうではない、という意味になるからです。けれども、この世レベルの「形」にこだわることを一度手放して、《流れ》だけを愛して、それといつもつながっていることを最も大切にしていると、逆に、この世の現実もどんどんよくなっていきます。願っていたこともいつのまにか実現していきます。そして、私たちはどんどん幸せになっていきます。それでも、その幸せの真の原因は、「外界の状況が改善されたから」ではなく、「常に《流れ》につながっていることによって、いつでも心の中は喜びで溢れているから、それが外界に反映されただけのことなのだ」ということを、アブラハムは私たちに教えてくれます。そしてこれこそが、すべてのスピリチュアルな道が目指している、《外界の状況には一切左右されない心の平安》であり、《真の自由》です。

このようなあふれる喜びの泉を心の中に持つことができる方法を、本書『サラとソロモン』は、具体的に、明確に教えてくれます。そしてそれは、「今、自分が何を感じているかに注意を向けて、良い気持ちがする考えを選ぶ」という実に簡単なことから始まります。このように本書の原則自体はとてもシンプルですが、それを徹底的に実践してみるならば、とても深い体験に導かれていきます。たとえば、《無条件の愛》というような、途方もない概念のように思えたことも、どうすれば実行できるのかがわかってきます。そして、古今東西の聖人や賢者たちの多くが異口同音に勧めてきた「神を愛しなさい」ということが、なぜそんなにも大切なことだったのかも実感されてきます。「神を愛する」とは戒律を守ったり、特定の行動をすることではなく、ソロモンの言う、「《流れ》につながったままでいること」であり、聖なる存在に対して熱烈な恋愛感情にも似た強烈な愛を抱いていた聖人たちのように、外界で何が起こっても、心の中で愛を選び続ける、ということなのです。

一人でも多くの読者の皆さんが、本書を通して、この《愛》とのつながりを見つけだし、それが自分にとって何を意味するかを感じていただきたいと願っています。

最後に、本書の完成に至るまでのさまざまな段階でお世話になった方々すべてに感謝します。特に、これまでにも何度か面白いシンクロニシティ的体験を共有させていただいたことのある友人の川西一郎さんのおかげで、はからずも再び、「不思議な偶然」がきっかけとなって、本書が実現する運びとなりました。ここで改めてお礼を申し上げます。また、本書の刊行の機会を与えてくださったナチュラルスピリット社社長　今井啓稀氏、編集作業で大変お世話になった近藤由希子さんにも、心から感謝致します。

二〇〇五年九月　　加藤三代子

著者

エスター&ジェリー・ヒックス
Ester and Jerry Hicks

アメリカ人のスピリチュアル・リーダーの夫妻。アブラハムという存在のメッセージを伝える。世界中で人気が高く、ワークショップなどを行っている。その教えは多くの人から信頼されている。
ホームページ：http://www.abraham-hicks.com

訳者

加藤三代子
Miyoko Kato

東京生まれ。米国ペンシルベニア州マンスフィールド州立大学文学部卒業。米国オハイオ州立大学大学院人文学部修士課程卒業。米国東海岸在住。現在、『A Course in Miracles』（ナチュラルスピリットより刊行予定）を翻訳中。

サラとソロモン

少女サラが賢いふくろうソロモンから学んだ幸せの秘訣

*

2005 年 11 月 11 日　初版発行
2008 年 1 月 15 日　第 3 刷発行

著者／エスター＆ジェリー・ヒックス

訳者／加藤三代子

本文デザイン・装幀／松岡史恵
イラスト／キャロライン・S・ガレット

発行者／今井啓稀

発行所／株式会社ナチュラルスピリット
〒104-0061　東京都中央区銀座 3-11-19 スペーシア銀座 809
TEL 03-3542-0703　FAX 03-3542-0701
E-mail: edit@naturalspirit.co.jp
ホームページ http://www.naturalspirit.co.jp

印刷所／電算印刷株式会社

ISBN978-4-931449-76-3　C0097